Die Feststellung der Testierunfähigkeit durch den Notar

Europäische Hochschulschriften

European University Studies

Publications Universitaires Européennes

Reihe II	**Rechtswissenschaft**
Series II	Law
Série II	Droit

Band/Volume **5447**

Bärbel Brah

Die Feststellung der Testierunfähigkeit durch den Notar

Bibliografische Information der Deutschen Nationalbibliothek
Die Deutsche Nationalbibliothek verzeichnet diese Publikation in der Deutschen
Nationalbibliografie; detaillierte bibliografische Daten sind im Internet über
http://dnb.d-nb.de abrufbar.

Zugl.: Göttingen, Univ., Diss., 2012

D 7
ISSN 0531-7312
ISBN 978-3-631-62973-4

© Peter Lang GmbH
Internationaler Verlag der Wissenschaften
Frankfurt am Main 2013
Alle Rechte vorbehalten.
PL Academic Research ist ein Imprint der Peter Lang GmbH

Das Werk einschließlich aller seiner Teile ist urheberrechtlich geschützt.
Jede Verwertung außerhalb der engen Grenzen des Urheberrechtsgesetzes ist
ohne Zustimmung des Verlages unzulässig und strafbar.
Das gilt insbesondere für Vervielfältigungen, Übersetzungen, Mikroverfilmungen
und die Einspeicherung und Verarbeitung in elektronischen Systemen.

www.peterlang.de

Inhaltsverzeichnis

1. Teil: Einleitung	11
§ 1 Problemstellung	11
§ 2 Gang der Untersuchung	17
2. Teil: Prüfungs- und Dokumentationspflichten des Notars	21
§ 3 Geschäfts- und Testierunfähigkeit, §§ 104, 105, 2229 BGB	21
I. Regelungen im BGB zur Geschäfts- und Testierunfähigkeit	21
II. Eigenständige Regelung der Testierfähigkeit	21
III. Testierfreiheit und Selbstbestimmungsfähigkeit	22
IV. Abgrenzung zur Geschäfts- und Testierunfähigkeit wegen eines zu jungen Alters	23
V. Regel-Ausnahme-Verhältnis	25
VI. Voraussetzungen der natürlichen Geschäfts- und Testierunfähigkeit	27
VII. Partielle Geschäfts- und Testierunfähigkeit	32
VIII. Relative Geschäfts- und Testierfähigkeit	34
IX. Geschäfts- und Testierfähigkeit und Betreuung	34
§ 4 Die Dokumentationspflichten zur Testierfähigkeit gem. §§ 28, 11 Abs. 1 S. 2, 17 Abs. 2 S. 2 BeurkG	35
§ 5 Bedeutung des Grundrechts auf informationelle Selbstbestimmung gem. Art. 2 Abs. 1 GG i.V.m. Art. 1 Abs. 1 GG	36
I. Zum Schutzbereich des Grundrechts auf informationelle Selbstbestimmung	37
II. Eingriff und Grundrechtsbindung des Notars	38
III. Rechtfertigungsgrund Einwilligung	39
IV. Verfassungsrechtliche Rechtfertigung	40
V. Zur Zulässigkeit einer heimlichen Prüfung	43
§ 6 Beurkundungsverfahren	44
I. Prüfung und Feststellung der Geschäfts- und Testierfähigkeit	44
1. Vorgaben des § 28 BeurkG	44
2. Verfassungsrechtliche Vorgaben	46
3. Regel-Ausnahme-Verhältnis	47

II.	Inhalt der nach § 28 BeurkG zu vermerkenden Wahrnehmungen über die erforderliche Geschäftsfähigkeit	47
III.	Umfang der Prüfung der Geschäfts- und Testierfähigkeit bei Verfügungen von Todes wegen und sonstigen Willenserklärungen	49
IV.	Zusammenfassung	52

3. Teil: Bedeutung der Feststellungen des Notars im gerichtlichen Verfahren ... 53

§ 7 Zivilprozess ... 53

I.	Klage auf Feststellung der Testierfähigkeit oder Testierunfähigkeit	53
	1. Zu Lebzeiten des Erblassers	53
	2. Nach Eintritt des Erbfalls	53
II.	Inzidente Klärung der Testierunfähigkeit	54
	1. Feststellungsklage der Erbanwärter gegen den noch lebenden Erblasser	54
	2. Feststellungs- oder Leistungsklage nach Eintritt des Erbfalls	54
III.	Feststellungsklage des noch lebenden Erblassers	55
IV.	Beweisrecht im Zivilprozess	55
	1. Darlegungs- und Beweislast	55
	2. Beweiserhebung	56
	3. Beweiswürdigung	56
	4. Beweisanforderungen	58
	5. Bedeutung der nach § 28 BeurkG dokumentierten Wahrnehmungen des Notars über die Geschäfts- und Testierunfähigkeit	58
	a) Für den Richter	58
	b) Für die Parteien	59
	6. Rolle des Notars in einem späteren Prozess	59
	7. Zeugnisverweigerungsrecht des Notars, § 383 Abs. 1 Nr. 6 ZPO/Schweigepflicht des Notars, § 18 Abs. 1 BNotO	60

§ 8 Erbscheinverfahren ... 62

I.	Verhältnis zum Zivilprozess	62
II.	Anlass zur Prüfung der Testierunfähigkeit	63
III.	Durchführung der Ermittlungen	63
IV.	Erforderlichkeit eines psychiatrischen Gutachtens	64
V.	Feststellungslast	65
VI.	Bedeutung der nach § 28 BeurkG dokumentierten Wahrnehmungen	65

	1. Für den Nachlassrichter	65
	2. Für die Beteiligten	65
VII.	Rolle des Notars im Erbscheinverfahren	66
VIII.	Zeugnisverweigerungsrecht des Notars, §§ 29 Abs. 2 FamFG, 383 Abs. 1 Nr. 6 ZPO/Schweigepflicht des Notars, § 18 BNotO..	66
§ 9 Selbstständiges Beweisverfahren		66

4. Teil: Beurkundungsanspruch und Ablehnungspflicht
nach § 11 Abs. 1 S. 1 BeurkG 69
§ 10 Anspruch auf Beurkundung aus Art. 14 Abs. 1 S. 1 GG 69
§ 11 Anspruch auf Beurkundung gem. § 15 Abs. 1 S. 1 BNotO 70
§ 12 Ablehnungspflicht gem. § 11 Abs. 1 S. 1 BeurkG als
rechtfertigungsbedürftige Ausnahme zum Beurkundungsanspruch 72
    I.   Regelungsinhalt des § 11 Abs. 1 S. 1 BeurkG 72
    II. Beschwerde gegen die Ablehnung gem. § 15 Abs. 2 BNotO 72
    III. Zur Vorgehensweise in schwierig zu beurteilenden Fällen 74
        1. Restriktive Auslegung des § 11 Abs. 1 S. 1 BeurkG durch die
           Literatur 74
        2. Eingrenzung der Fälle 75
        3. Zur Vereinbarkeit der Ablehnungspflicht mit der durch
           Art. 14 Abs. 1 S. 1 GG garantierten Testierfreiheit 76
           a) Wirkung des Art. 14 Abs. 1 S. 1 GG auf die
               Ausgestaltung des Beurkundungsverfahrens durch
               den Notar – Grundrechtsverwirklichung und
               Grundrechtssicherung durch Verfahren 77
           b) Ergebnis 81
        4. Gefahr der irreparablen Folgen 81
           a) Möglichkeiten des Beteiligten im Falle einer
               Beurkundungsablehnung 81
           b) Ergebnis 81
        5. Schadensvermeidung 81
           a) 1. Fall: Verweigerung der Beurkundung, obwohl
               Beteiligter testierfähig 82
           b) 2. Fall: Beurkundung, obwohl Beteiligter testierunfähig 83
           c) Ergebnis 84
        6. Eigene Ansicht 84
           a) Zur Beurkundungsablehnung als rechtfertigungsbedürftige
               Ausnahme 85
               aa) Zum Ausmaß der Beurkundungspflicht 85

bb) Zur Rechtfertigung der Beurkundungsablehnung nach
§ 11 Abs. 1 S. 1 BeurkG 87
(1) Zweck des § 11 Abs. 1 S. 1 BeurkG 87
(2) Vertrauen des Rechtsverkehrs in die notarielle
Amtstätigkeit – Integritätsgebot 90
(3) Ergebnis 92
   b) Zur Legitimation des Notars zur endgültigen und
verbindlichen Entscheidung über die Wirksamkeit der
Verfügung von Todes wegen 93
   c) Betreuungs- und Beratungsfunktion des Notars –
§ 17 BeurkG 94
IV. Zusammenfassung 95
§ 13 Zusammenfassung der rechtlichen Vorgaben 95

5. Teil: Feststellungen des Notars zur Testierfähigkeit 97
§ 14 Praktische Umsetzung 97
  I.   Zeitpunkt der Prüfung der Testierunfähigkeit im
Beurkundungsverfahren 97
  II. Notarielle Praxis 98
  III. Auswertung – Schwierigkeiten der gesetzlichen Vorgaben 100
  IV. Lösungen für die Praxis 101
     1. Alternative zum Standardsatz 101
     2. Sicherung von Beweismitteln zur Geschäfts- und
Testierunfähigkeit 102
       a) Vorgehensweise des Richters 102
       b) Vorgehensweise des Sachverständigen 103
       c) Ergebnis 104
       d) Möglichkeiten des Notars 104
       e) Ergebnis 110
       f) Anhaltspunkte, um in die Prüfung der Testierfähigkeit
einzusteigen 110
  V. Umsetzung 113
     1. Dokumentation der psychopathologischen Auffälligkeiten 113
     2. Ermächtigungsgrundlage 114
     3. Getrennt zu verlesende Tatsachenbescheinigung 115
§ 15 Liste mit Symptomen und Methode ihrer Feststellung 115
§ 16 Kurzanleitung 118
§ 17 Zusammenfassung der wichtigsten Ergebnisse 124
§ 18 Ausblick 125

Inhaltsverzeichnis	9
Literaturverzeichnis	127
Anhang	135

1. Teil: Einleitung

§ 1 Problemstellung

Jeder hat das Recht, seine letztwillige Verfügung durch den Notar beurkunden zu lassen. Der Notar ist grundsätzlich zur Beurkundung verpflichtet; er darf die Beurkundung nur in Ausnahmefällen ablehnen, § 15 Abs. 1 BNotO und § 4 BeurkG. Die fehlende Testierfähigkeit rechtfertigt ausnahmsweise die Ablehnung der Beurkundung, § 11 Abs. 1 S. 1 BeurkG. Testierunfähig ist nach § 2229 Abs. 4 BGB, wer wegen krankhafter Störung der Geistestätigkeit, wegen Geistesschwäche oder wegen Bewusstseinsstörung nicht in der Lage ist, die Bedeutung einer von ihm abgegebenen Willenserklärung einzusehen und nach dieser Einsicht zu handeln.

Dabei zeigt sich in der Praxis, dass gerade öffentliche Testamente vielfach erst zu einem Zeitpunkt errichtet werden, in dem der körperliche und psychisch-geistige Zustand des Betreffenden Anlass zu Zweifeln über dessen Testierfähigkeit geben kann. Wenn dann in Erbschaftsprozessen und Erbscheinverfahren der Einwand erhoben wird, dass der Erblasser bei Errichtung oder Änderung des Testaments testierunfähig gewesen sei, muss der Richter in der Regel ein psychiatrisches Sachverständigengutachten einholen. Nicht nur, weil eine persönliche Untersuchung des Erblassers nicht mehr möglich ist, gehören derartige Gutachten zu den schwierigsten der forensischen Psychiatrie; der Sachverständige muss die Frage der Testierfähigkeit rückblickend auf der Grundlage von ärztlichen Unterlagen, Betreuungsgutachten, Heimakten und Zeugenaussagen einschätzen[1]. Die Durchführung eines selbständigen Beweissicherungsverfahrens vor Eintritt des Erbfalls ist nicht zulässig[2].

Bei der Errichtung eines notariellen Testaments, also noch zu Lebzeiten des Erblassers, schreibt § 28 BeurkG vor, dass der Notar seine Wahrnehmungen über die erforderliche Testierfähigkeit in der Urkunde vermerken soll. Nach § 11 Abs. 1 S. 1 BeurkG soll der Notar die Beurkundung ablehnen, wenn nach seiner Überzeugung die Testierfähigkeit fehlt.

---

1 *Cording*, Fortschritte Neurologie, Psychiatrie 2004, 147 (148).
2 OLG Frankfurt/M. NJW-RR 1997, 581 (582); Reimann/Bengel/Mayer/*Voit*, § 2229 BGB, Rn. 20; Soergel/*Mayer*, § 2229 BGB, Rn. 41; Palandt/*Weidlich*, § 1922 BGB, Rn. 5.

Die Notare wenden diese Vorschriften so an, dass sie in allen – nach ihrer Auffassung – unproblematischen Fällen in den notariellen Testamenten im Allgemeinen feststellen: „Der Notar hat sich durch eingehende Verhandlung/Unterredung von der erforderlichen Geschäfts- und Testierfähigkeit des Erschienenen überzeugt". Augenscheinlich fühlen sich die Notare dazu berufen, in jedem Fall die Testierfähigkeit zu prüfen und positiv festzustellen. Dies steht im Gegensatz zum materiellen Recht, wonach jede Person mit Vollendung des 16. Lebensjahres (§ 2229 Abs. 1 BGB) die Vermutung voller Testierfähigkeit für sich hat, die Testierunfähigkeit also die Ausnahme bildet. Die Beurkundung wird in der Praxis nur bei offensichtlicher Testierunfähigkeit, etwa wenn ein Gespräch nicht mehr möglich ist, abgelehnt. Dies verwundert nicht, weil nirgendwo steht, wie der Notar als medizinischer Laie die Prüfung des psychisch-geistigen Zustandes des Testierenden vornehmen soll.

Gegenwärtig wird diskutiert, wie dem Notar die Prüfung der Testierfähigkeit erleichtert werden kann. Dazu wird vorgeschlagen, den in der Psychologie und Psychiatrie zur Feststellung von Demenzerkrankungen entwickelten Mini-Mental-Status-Test und den Uhren-Zeichentest in die notarielle Praxis zu integrieren[3]. Der Anwendung solcher Kurztests im Rahmen des Beurkundungsverfahrens wird sowohl aus juristischer Sicht mit dem Argument widersprochen, dass von dem Notar nur eine laienhafte Beurteilung verlangt werden könne, weil ihm keine Letztentscheidungskompetenz zukomme[4], als auch aus psychiatrischer Sicht mit dem Argument, dass bei der Verwendung von psychopathologischen Kurztests durch den Notar die Gefahr falscher Schlussfolgerungen größer als der Nutzen sei[5].

Interessant ist, dass bisher niemand das durch Art. 2 Abs. 1 GG i.V.m. Art. 1 Abs. 1 GG verfassungsrechtlich gewährleistete Recht auf informationelle Selbstbestimmung als Ausprägung des allgemeinen Persönlichkeitsrechts angesprochen hat. Dieses gewährleistet die Befugnis des Einzelnen, selbst darüber zu entscheiden, ob, in welchem Umfang und gegenüber welchen Personen persönliche Sachverhalte offenbart werden[6]. In dieses Grundrecht darf nur durch oder aufgrund eines Gesetzes eingegriffen werden. Insofern verpflichtet § 28 BeurkG den Notar, die geistige Verfassung des Beteiligten zu prüfen und seine Wahrnehmungen darüber in der Urkunde zu vermerken. Tatsachen, die etwas über den Geisteszustand des Beteiligten aussagen, betreffen das Intimste der Person. Mayer weist in diesem Zusammenhang darauf hin, dass es im Falle offensichtlicher

---

3 *Stoppe/Lichtenwimmer*, DNotZ 2005, S. 806 ff.
4 *Müller*, DNotZ 2006, S. 325 ff.
5 *Cording/Foerster*, DNotZ 2006, 329 ff.
6 BVerfGE 65, 1 (43), Volkszählungsurteil.

§ 1 Problemstellung 13

Geschäftsfähigkeit seitens des Beteiligten als ungebührender Eingriff in sein Persönlichkeitsrecht empfunden werden könnte, wenn der Notar seine Wahrnehmungen über die Testierfähigkeit in der Testamentsurkunde genau auflistet. Der Verhältnismäßigkeitsgrundsatz beschränke in diesem Fall die öffentlich-rechtliche Dokumentationspflicht[7]. Dieser Hinweis beinhaltet, dass der Notar heimlich den Geisteszustand des Testierenden abprüft und dieser keine Chance erhält, die für seine Geschäftsfähigkeit bedeutsamen Umstände mit dem Notar zu diskutieren, obwohl es in jedem Falle zu seinem Persönlichkeitsrecht gehört, dass er die Chance erhält, sich mit den Feststellungen des Notars auseinanderzusetzen[8]. Es ist also zu klären, ob die Prüfung und Dokumentation von Wahrnehmungen über den psychisch-geistigen Zustand des Beteiligten mit dem verfassungsrechtlich geschützten Recht auf informationelle Selbstbestimmung vereinbar ist.

Einhellig wird angenommen, dass das Gesetz von der Geschäfts- und Testierfähigkeit jedes Menschen ausgehe, die Geschäfts- und Testierfähigkeit somit die Regel, die Geschäfts- und Testierunfähigkeit die Ausnahme bildet[9]. Die Herleitung aus dem Gesetzeswortlaut und der Gesetzessystematik erklärt jedoch nur unzureichend das Regel-Ausnahme-Verhältnis. Es wird gezeigt, dass dies seinen Grund in der allgemeinen Zulassung eines jeden mündigen Menschen zum Rechtsverkehr hat.

Wenn das Gesetz von der Geschäfts- und Testierfähigkeit jedes Menschen ausgeht, ist dann weiter interessant und bedarf der Überprüfung, warum einhellig davon ausgegangen wird, dass der Notar in jeder Testamentsurkunde die Testierfähigkeit positiv feststellen muss. Auch in den Kommentierungen zu § 28 BeurkG und Praxishandbüchern wird üblicherweise der Vermerk empfohlen: „Der Erblasser ist nach Überzeugung des Notars aufgrund der mit ihm geführten Unterredung zweifellos geschäfts- und testierfähig" oder auch: „Der Notar überzeugte sich durch die Verhandlung von der erforderlichen Geschäfts- und Testierfähigkeit des Erblassers"[10]. Selbst die Rechtsprechung geht davon aus, dass der Notar verpflichtet sei, sich von der Testierfähigkeit zu überzeugen[11]. In ersten Gesprächen der Verfasserin mit Notaren wurde die Frage dahingehend beantwortet, dass dies so im Beurkundungsgesetz stehe. Wirft man indes einen genaueren Blick auf den Wortlaut des § 28 BeurkG, dann steht dort, dass der Notar

---

7 Soergel/*Mayer*, § 28 BeurkG, Rn. 4.
8 *Kanzleiter*, DNotZ 1993, 434 (438/439).
9 Statt aller: Staudinger/*Knothe*, Vorbem. zu §§ 104-115, Rn. 6 für die Geschäftsfähigkeit.
10 Kersten/Bühling/*Fassbender*, § 100, Rn. 9M; Reimann/Bengel/Mayer/*Bengel*, § 28 BeurkG, Rn. 6; *Jansen*, § 28 BeurkG, Rn. 4; MünchKomm/*Hagena*, § 28 BeurkG, Rn. 17; Staudinger/*Baumann*, § 2229 BGB, Rn. 33; Keidel/*Winkler*, § 28 BeurkG, Rn. 12.
11 OLG Oldenburg DNotZ 1974, 19 (20).

Wahrnehmungen über die erforderliche Geschäftsfähigkeit vermerken und nicht die Geschäfts-/Testierfähigkeit selbst feststellen soll.

Rechtsprechung und Literatur wollen hier hinsichtlich Inhalt und Umfang der Prüfung zwischen sonstigen Willenserklärungen und Verfügungen von Todes wegen[12] unterscheiden. Bei sonstigen Willenserklärungen müsse der Notar in eine Prüfung – des Fehlens – der Geschäftsfähigkeit nur eintreten, wenn konkrete Anhaltspunkte für eine nicht bestehende Geschäftsfähigkeit vorhanden seien[13]. Demgegenüber müsse der Notar bei Verfügungen von Todes wegen die Geschäfts- und Testierfähigkeit stets prüfen bzw. sich in jedem Falle von der Geschäfts- und Testierfähigkeit überzeugen, also auch dann, wenn keine diesbezüglichen Zweifel bestehen[14]. Da das materiell-rechtliche Regel-Ausnahme-Verhältnis gleichermaßen für die Geschäfts- wie für die Testierfähigkeit gilt, ist die Differenzierung hinsichtlich Inhalt und Umfang der Prüfung zwischen Verfügungen von Todes wegen und sonstigen Willenserklärungen fragwürdig.

Weiter stellt sich vor dem Hintergrund des materiell-rechtlichen Regel-Ausnahme-Verhältnisses nicht nur die Frage, ob der Notar verpflichtet, sondern ob er überhaupt berechtigt ist, die Geschäfts- und Testierfähigkeit zu prüfen und festzustellen. Augenscheinlich fehlt ihm als regelmäßig medizinischer Laie auch die Fähigkeit dazu.

Art. 14 Abs. 1 S. 1 GG gewährleistet die Testierfreiheit[15]. Diese hat der Gesetzgeber mittels des Gesetzesvorbehaltes gem. Art. 14 Abs. 1 S. 2 GG dahingehend konkretisiert, dass es dem Erblasser zur Gestaltung der Erbrechtsfolge das privatschriftliche und das öffentliche Testament zur Verfügung stellt[16]. Das öffentliche Testament wird durch den Notar beurkundet, § 2232 S. 1 BGB. Durch Art. 14 Abs. 1 S. 1 GG wird also der Anspruch auf Beurkundung eines Testaments verfassungsrechtlich gewährleistet. Der somit jeder Person zukommende öffentlich-rechtliche Anspruch auf Beurkundung seines Testaments und die rechtfertigungsbedürftige Ausnahme der Beurkundungsablehnung sprechen dafür, dass der Notar in Fällen, in denen nach seiner Auffassung Testierunfähigkeit

---

12 Verfügung von Todes wegen ist der Oberbegriff von Testament und Erbvertrag, Palandt/*Weidlich*, § 1937 BGB, Rn. 2.
13 OLG Frankfurt DNotZ 1978, 505 (506); Soergel/*Mayer*, § 11 BeurkG, Rn. 2; Reimann/Bengel/Mayer/*Limmer*, § 11 BeurkG, Rn. 2; *Jansen*, § 11 BeurkG, Rn. 2; Keidel/*Winkler*, § 11 BeurkG, Rn. 8; *Lerch*, § 28 BeurkG, Rn. 1; Eylmann/Vaasen/*Limmer*, § 11 BeurkG, Rn. 4; Armbrüster/Preuss/Renner/*Renner*, § 11 BeurkG, Rn. 12.
14 Reimann/Bengel/Reimann/*Limmer*, § 11 BeurkG, Rn. 12; Soergel/*Mayer*, § 28 BeurkG, Rn. 2; Keidel/*Winkler*, § 28 BeurkG, Rn. 1; Armbrüster/Preuss/Renner/*Armbrüster*, § 28 BeurkG, Rn. 1; MünchKomm/*Hagena*, § 28 BeurkG, Rn. 8; *Lerch*, § 28 BeurkG, Rn. 1; *Jansen*, § 28 BeurkG, Rn. 1.
15 BVerfGE 99, 341 (350).
16 Vgl. BVerfGE 99, 341 (352/353).

§ 1 Problemstellung 15

vorliegen könnte, er dies letztlich aber nicht sicher beurteilen kann, beurkunden muss. Dennoch steht in § 11 Abs. 1 S. 1 BeurkG, dass der Notar die Beurkundung bei fehlender Testierfähigkeit ablehnen soll. Warum darf sich der Notar nicht darauf beschränken, seine Wahrnehmungen über die Testierfähigkeit festzustellen und die Beurkundung durchführen? So hat das Bayerische Oberste Landesgericht (BayObLG) festgestellt, dass nicht nur Richter und Notare, sondern auch Psychiater zu (falsch positiven) Fehlschlüssen bezüglich der Testierfähigkeit kommen können, wenn sie „einer auf die Testamentserrichtung gut vorbereiteten Person gegenübergestellt" werden und nicht „alle wesentlichen Umstände" kennen und berücksichtigen können[17]. Die Prüfung der Testierfähigkeit verlange eine sorgfältige Untersuchung unter Einbeziehung der Vorgeschichte und aller äußeren Umstände[18]. Zur endgültigen Beurteilung der Testierunfähigkeit sei in aller Regel nur ein psychiatrischer Sachverständiger in der Lage[19]. Auf Laien können geistig erkrankte Personen einen „normalen" Eindruck machen[20]. So entspricht es wissenschaftlichen Erkenntnissen, dass an Altersdemenz erkrankte Personen, zumal wenn sie körperlich gesund sind und eine gute „Fassade" haben, bei jedem Laien und damit auch Richtern, Anwälten und Notaren einen durchaus „normalen" Eindruck erwecken können[21]. Gerade altersbedingte geistige Abbauerscheinungen können von dem Betroffenen überspielt werden. Der Eindruck von Personen, die einen nur eingeschränkten Kontakt mit dem Erblasser hatten, kann deshalb trügen[22].

Die wirklichen Extremfälle wird der Notar dabei unschwer erkennen, beispielsweise bei völliger Desorientierung oder wenn der Beteiligte keine Fragen mehr beantworten kann. Schwierigkeiten bereiten jedoch die viel häufigeren Grenzfälle, beispielsweise sehr alte Menschen, körperlich – nicht geistig – Kranke, die sich in einem Schwächezustand befinden, beginnende Stadien der Alzheimer Krankheit oder Arteriosklerose. Weitere Schwierigkeiten verursachen die Fälle des Medikamenten-, Drogen- oder Alkoholmissbrauchs, aber auch die ord-

---

17 BayObLGZ 1979, 256 (263); BayObLG NJW-RR 1990, 1419 (1420); BayObLGZ 1995, 383 (390).
18 BayObLGZ 1979, 256 (259); BayObLG MittBayNot 1995, 56 (57); OLG Frankfurt NJW-RR 1998, 870 (871); bei Altersdemenz oder Cerebralsklerose sind Feststellungen nur aufgrund des Gesamtverhaltens und des Gesamtbildes der Persönlichkeit zur Zeit der Testamentserrichtung möglich: BayObLG FamRZ 1996, 566 (566).
19 BayObLG NJW-RR 1990, 1419 (1420); FamRZ 1994, 1137 (1138); FamRZ 1997, 1511 (1512); FamRZ 1998, 515 (516); *Cording*, Fortschritte Neurologie, Psychiatrie 2004, 147 (151); *Zimmermann*, BWNotZ 2000, 97 (101).
20 BayObLG NJW-RR 1990, 1420 (1420).
21 BayObLGZ 1979, 256 (263); vgl. auch *Hülsmann*, ZEV 1999, 91 (92).
22 BayObLG FamRZ 1997, 1511 (1512), Hausarzt; vgl. auch OLG Frankfurt/M. FamRZ 1998, 1061 (1063).

nungsgemäße Medikamenteneinnahme und dabei weniger deren akute, als vielmehr die daraus resultierenden Dauererscheinungen der Verminderung der Urteilskraft und Beeinflussbarkeit[23].

Das Beurkundungsgesetz enthält keine Vorgaben, wie sich der Notar selbst die nach § 11 Abs. 1 S. 1 BeurkG vorausgesetzte Überzeugung von der fehlenden Geschäftsfähigkeit bilden soll. Die Hinzuziehung eines Arztes bzw. Sachverständigen für die Beurteilung ist nicht vorgeschrieben. Der Gesetzgeber sieht also im Grundsatz vor, dass sich der Notar im Beurkundungsverfahren ohne Heranziehung fremder Hilfe von der Geschäfts- und Testierunfähigkeit überzeugt.

Auch die Kommentare weichen dieser Frage aus. Dabei ist der Notar wie der Richter in der Regel psychiatrisch ungeschult[24]. Wenn aber schon der Richter die Testierunfähigkeit erst unter Einbeziehung der Vorgeschichte nur mittels eines nervenärztlichen oder psychiatrischen Sachverständigengutachtens aufklären kann und selbst die Begutachtung der Testierfähigkeit Lebender dem Psychiater Schwierigkeiten bereitet[25], lässt dies von vornherein erkennen, dass der Notar als Nicht-Psychiater selbst mit Fragebögen, Checklisten und Anleitungen nicht in einer Art Schnellverfahren zum Experten in dieser Frage gemacht werden kann. Selbst bei einem sorgfältig arbeitenden Notar ist das Irrtumsrisiko bei der Beurteilung der Geschäfts- bzw. Testierunfähigkeit und damit eine Fehlbeurteilung hoch[26]. Wohl aus diesem Grund behandeln die Kommentare zwar die Frage, was der Notar tun soll, wenn er die entsprechenden Zweifel bereits besitzt, doch weichen sie alle der Frage aus, wie er als Laie die Aufklärung vornehmen soll[27].

Vor dem Hintergrund des öffentlich-rechtlichen Beurkundungsanspruchs ist zu erarbeiten, in welchen Fällen die Beurkundungsablehnung ausnahmsweise gerechtfertigt sein kann. Erst die daraus gewonnenen Erkenntnisse erlauben die Erarbeitung der praktischen Umsetzung.

Zusammenfassend werden auf der einen Seite die Regelung des § 28 BeurkG untersucht und die Fragen beantwortet, was der Notar nach § 28 BeurkG zu prüfen und urkundlich zu vermerken hat und wie er die Prüfung vorzunehmen hat.

---

23 *Keim*, Teil B. 1., Fn. 11.
24 Die Weiterbildung eines Arztes zum Psychiater dauert mindestens 5 Jahre, http://de.wikipedia.org/wiki/Psychiater.
25 *Cording*, Fortschritte der Neurologie, Psychiatrie 2004, 147 (149).
26 Vgl. *Keim*, Teil C. 3., Rn. 34.
27 Der Hinweis bei Armbrüster/Preuss/*Renner*, § 11 BeurkG, Rn. 15, dass der Notar Ärzten oder sonstigen Sachverständigen nicht glauben darf, ist für ein summarisches Verfahren, wie es das Beurkundungsverfahren darstellt, völlig unpraktikabel. Wenn der Notar sein Laienurteil dem Urteil eines Fachmannes entgegensetzt, dann würde ein Gericht wohl nicht zu Unrecht eine Amtspflichtverletzung annehmen.

Auf der anderen Seite wird die Regelung des § 11 Abs. 1 S. 1 BeurkG untersucht und die Frage beantwortet, in welchen Fällen der Notar die Beurkundung ablehnen soll.

Daraus ergibt sich das Ziel der Arbeit, nämlich einen Fragebogen für die Praxis der Notare zu entwickeln, mit dessen Hilfe der Notar die Testierunfähigkeit prüfen und die nach § 28 BeurkG zu vermerkenden Wahrnehmungen urkundlich niederlegen kann.

§ 2 Gang der Untersuchung

Um die Pflichten des Notars im Beurkundungsverfahren in Bezug auf die Geschäfts- und Testierfähigkeit des Beteiligten zu analysieren, ist es wichtig, die materiell-rechtlichen Grundlagen der Geschäfts- und Testierfähigkeit zu kennen. Daher werden nach der Einleitung (1. Teil) im 2. Teil unter § 3 zunächst die Regelungen zur Geschäfts- und Testierfähigkeit im Bürgerlichen Gesetzbuch dargestellt. Im Anschluss daran wird auf die verfassungsrechtliche Gewährleistung der Testierfreiheit und die für ihre Ausübung erforderliche Selbstbestimmungsfähigkeit eingegangen. Danach erfolgt eine Abgrenzung der in dieser Arbeit behandelten Geschäfts- und Testierunfähigkeit wegen psychisch-geistiger Insuffizienz gem. §§ 104 Nr. 2, 105 Abs. 2, 2229 Abs. 4 BGB zur Geschäfts- und Testierunfähigkeit wegen eines zu jungen Alters gem. §§ 104 Nr. 1, 2229 Abs. 1 BGB. Dies führt zum Verhältnis von (positiver) Geschäfts- und Testierfähigkeit zur (negativen) Geschäfts- und Testierunfähigkeit, so dass sodann das Regel-Ausnahme-Verhältnis von Geschäfts- und Testierfähigkeit zur Geschäfts- und Testierunfähigkeit näher untersucht wird.

Anschließend werden die jeweiligen Voraussetzungen der Geschäfts- und Testierfähigkeit dargestellt und auf die Konkretisierung der Rechtsprechung eingegangen, um die sich dann stellende Frage zu beantworten, ob es sich vor dem Hintergrund des unterschiedlichen Gesetzeswortlautes auch in der Sache um unterschiedliche Regelungen handelt.

Danach wird zur partiellen und relativen Geschäfts- und Testier(un)fähigkeit Stellung genommen. Abschließend wird erläutert, wie es sich mit der Geschäfts- und Testierfähigkeit beim Betreuten verhält.

Für die weitere Prüfung der Verfassungsmäßigkeit von § 28 BeurkG ist es wichtig, einen Überblick über die Dokumentationspflichten zur Testierfähigkeit im Beurkundungsgesetz zu erhalten (§ 4).

Die unter § 3 vorgenommene Darstellung der inhaltlichen Voraussetzungen der Geschäfts- und Testierunfähigkeit macht deutlich, dass der Notar nach § 28

BeurkG die psychisch-geistige Verfassung des Testierenden bei entsprechenden Anhaltspunkten prüfen muss und der Testierende somit persönliche Daten offenbart. Damit ist das informationelle Grundrecht auf Selbstbestimmung gem. Art. 2 Abs. 1 i.V.m. Art. 1 Abs. 1 GG betroffen, so dass vorangestellt zu prüfen ist, ob § 28 BeurkG mit dem durch Art. 2 Abs. 1 i.V.m. Art. 1 Abs. 1 GG gewährleisteten Grundrecht auf informationelle Selbstbestimmung als Ausprägung des allgemeinen Persönlichkeitsrechts vereinbar ist (§ 5).

Im Anschluss daran wird unter § 6 das Beurkundungsverfahren behandelt, und auf der Grundlage der unter § 3 untersuchten materiell-rechtlichen Vorgaben lassen sich die Fragen beantworten, was der Notar in Bezug auf die Geschäfts- und Testierfähigkeit prüfen und urkundlich vermerken muss

Die unter § 6 durchgeführte Untersuchung hat den Zweck der urkundlich vermerkten Tatsachen für den Zivilprozess und das Erbscheinverfahren, nämlich die Beweissicherung, gezeigt.

Im 3. Teil wird daher unter den §§ 7 und 8 im Einzelnen die Bedeutung der nach § 28 BeurkG urkundlich vermerkten Tatsachen im Zivilprozess und Erbscheinverfahren dargestellt. Dazu wird auf das Beweisrecht im Zivilprozess als streitige Gerichtsbarkeit im Unterschied zum Erbscheinverfahren als Teil der freiwilligen Gerichtsbarkeit eingegangen. Dabei wird auch geprüft, ob es die Möglichkeit gibt, die Testier(un)fähigkeit zu Lebzeiten oder nach dem Erbfall im Zivilprozess feststellen oder in einem selbstständigen Beweisverfahren (§ 9) beweismäßig sichern zu lassen.

Daran schließt sich der 4. Teil an, der sich mit dem Verhältnis des öffentlich-rechtlichen Beurkundungsanspruchs und der Ablehnungspflicht des Notars gem. § 11 Abs. 1 S. 1 BeurkG im Falle von Geschäftsunfähigkeit befasst. Zunächst wird unter § 10 aus Art. 14 Abs. 1 GG der Anspruch auf Durchführung der Beurkundung eines Testaments und Erbvertrages hergeleitet. Sodann wird die einfachgesetzliche Umsetzung in § 15 BNotO unter § 11 dargestellt. Dies zeigt, dass es sich bei der Beurkundungsablehnung um die rechtfertigungsbedürftige Ausnahme handelt. Diese Feststellung ist die Basis dafür, um im Anschluss unter § 12 die Forderung der Literatur, dass der Notar in allen schwierig zu beurteilenden Fällen grundsätzlich beurkunden soll, zu untersuchen. Es wird sich zunächst mit den Argumenten der Literatur, die für eine Beurkundungspflicht in diesen Fällen angeführt werden, auseinandergesetzt und abschließend dazu Stellung genommen, ob der Notar in jedem Fall beurkunden sollte.

Da nun die rechtlichen Vorgaben geklärt sind, werden unter § 13 deren Ergebnisse zusammengefasst.

Im 5. Teil wird unter § 14 die praktische Umsetzung der rechtlichen Vorgaben in die Beurkundungstätigkeit der Notare behandelt. Um einen Einblick in die Anwendung der hier behandelten Vorschriften des Beurkundungsgesetzes in der

§ 2 Gang der Untersuchung 19

notariellen Praxis zu erhalten, wurden Notare in allen Bundesländern mittels Fragebogen befragt. Die – nicht repräsentative – Befragung lässt vermuten, dass die Notare § 28 BeurkG nicht richtig anwenden.

Mit dem Ziel, eine Fragen-Check-Liste für die Praxis zu erarbeiten, wird dargestellt, welche psychopathologischen Symptome Testierunfähigkeit häufig begründen. Sodann wird erörtert, was der Notar als – regelmäßig – medizinischer Laie wahrnehmen und urkundlich vermerken kann, um so dem Richter und Sachverständigen für einen späteren Zivilprozess oder ein Erbscheinverfahren Anknüpfungstatsachen zu liefern.

Da die Befragung der Notare ergab, dass abstrakte psychologische Tests als unpraktikabel abgelehnt werden, wird als Lösungsvorschlag für die Praxis eine Fragen-Check-Liste vorgeschlagen, deren Fragen sich in das Beurkundungsverfahren integrieren lassen (§ 15). Für die Praxis wird eine Kurzanleitung unter § 16 gegeben.

Im Anschluss werden die wichtigsten Ergebnisse unter § 17 zusammengefasst.

Zum Abschluss zeigt ein Blick auf das steigende Durchschnittsalter und die Zunahme von Demenzerkrankungen die Bedeutung einer sorgfältigen urkundlichen Protokollierung der Wahrnehmungen des Notars zur Geschäfts- und Testierunfähigkeit des Erblassers (§18).

2. Teil: Prüfungs- und Dokumentationspflichten des Notars

§ 3 Geschäfts- und Testierunfähigkeit, §§ 104, 105, 2229 BGB

I. Regelungen im BGB zur Geschäfts- und Testierunfähigkeit

Die Arbeit behandelt die Prüfungspflichten des Notars in Bezug auf die Geschäfts- und Testierunfähigkeit des Erblassers wegen psychisch-geistiger Insuffizienz gem. §§ 104 Nr. 2, 105 Abs. 2 BGB und § 2229 Abs. 4 BGB. Diese wird als „natürliche" Geschäfts- und Testierunfähigkeit bezeichnet[28]. Sie ist abzugrenzen von der Geschäfts- und Testierunfähigkeit wegen eines zu jungen Alters gem. § 104 Nr. 1 BGB und § 2229 Abs. 1 BGB. Während für Testamente § 2229 BGB die Testierfähigkeit regelt, nimmt § 2275 BGB für den Abschluss eines Erbvertrages auf die Regelungen zur Geschäftsfähigkeit nach den §§ 104 ff. BGB Bezug.

II. Eigenständige Regelung der Testierfähigkeit

Die Testierfähigkeit hat in § 2229 BGB eine eigenständige Regelung erfahren. Der heutige § 2229 BGB findet in der ursprünglichen Fassung des BGB keine Entsprechung. Er entstammt § 2 Abs. 2 TestG. Dies erklärt sich daraus, dass das Testamentsgesetz vom 31.7.1938[29] als selbständiges Gesetz eine Regelung für die Fälle der Geisteskrankheit und vorübergehenden Störung der Geistestätigkeit entsprechend den Vorschriften der §§ 104 Nr. 2, 105 Abs. 2 BGB treffen musste[30]. Der Gesetzgeber hat es im Zusammenhang mit der Wiedereingliederung des TestG in das Bürgerliche Gesetzbuch durch das GesEinhG vom 1.4.1953[31] bei einer eigenständigen Regelung belassen.

---

28 *Flume*, AT II, § 13 3.
29 RGBl. I, S. 973.
30 Lange/*Kuchinke*, § 18 II 4.a).
31 BGBl. I, S. 36.

III. Testierfreiheit und Selbstbestimmungsfähigkeit

Geschäftsfähigkeit wird allgemein als Fähigkeit, Rechtsgeschäfte wirksam vorzunehmen, definiert[32]. Entsprechend wird unter Testierfähigkeit die Fähigkeit, ein Testament zu errichten, abzuändern oder aufzuheben, verstanden[33]. Genauer ist es, von der Fähigkeit, Rechtsgeschäfte[34] selbstbestimmt wirksam vornehmen zu können[35], zu sprechen, denn dadurch wird der Bezug zur durch Art. 2 Abs. 1 GG gewährleisteten Autonomie jedes Menschen und damit dessen Selbstbestimmung[36] deutlicher. Der Grundsatz der Privatautonomie bedeutet, dass der Einzelne seine privaten Lebensverhältnisse im Rahmen der von der Rechtsordnung gezogenen Grenzen frei gestalten kann[37]. Die Testierfreiheit als Ausschnitt der Privatautonomie[38] umfasst die Befugnis, zu Lebzeiten einen von der gesetzlichen Erbfolge abweichenden Übergang des Vermögens nach dem Tode an einen oder mehrere Rechtsnachfolger anzuordnen[39]. Die Testierfreiheit wird durch Art. 14 Abs. 1 S. 1 GG gewährleistet[40].

Die Freiheit zu rechtsgeschäftlicher[41] Selbstbestimmung hat in der Regelung des BGB unter anderem darin ihren Niederschlag gefunden, dass die Willenserklärung als Grundbaustein jeden Rechtsgeschäfts gerade dadurch gekennzeichnet ist, dass die von ihr ausgelösten Rechtsfolgen grundsätzlich nur deshalb eintreten, weil sie von dem Erzeuger der Willenserklärung gewollt sind[42]. Ein solcher Wille und mit ihm die rechtsgeschäftliche Selbstbestimmung setzt voraus, dass der rechtsgeschäftlich Handelnde die Fähigkeit zur Selbstbestimmung hat.

Dazu hat das Bundesverfassungsgericht in seinem Beschluss vom 19.1.1999, der den Ausschluss schreib- und sprechunfähiger Personen von der Testiermöglichkeit gem. §§ 2232, 2233 BGB, 31 BeurkG für verfassungswidrig erklärt, speziell zur Testierfreiheit ausgeführt, dass „nur selbstbestimmte und selbstverantwortete letztwillige Erklärungen von der verfassungsrechtlichen Gewährleistung

---

32 *Flume*, AT II, § 12 2; Soergel/*Hefermehl*, Vor § 104 BGB, Rn. 1.
33 Soergel/*Mayer*, § 2229 BGB, Rn. 2; MünchKomm/*Hagena*, § 2229 BGB, Rn. 2; Staudinger/ *Baumann*, § 2229 BGB, Rn. 10.
34 Das Testament ist ein einseitiges Rechtsgeschäft, Palandt/*Weidlich*, § 1937 BGB, Rn. 2.
35 Larenz/*Wolf*, AT, § 6, Rn. 12.
36 BVerfGE 89, 214 (231).
37 BVerfGE 89, 214 (231); 91, 346 (358).
38 Lange/*Kuchinke*, § 2 IV. 2.
39 BVerfGE 99, 341 (350/351).
40 BVerfGE 99, 341 (350).
41 In Abgrenzung zu rechtsgeschäftsähnlichen Handlungen bzw. Willensäußerungen und tatsächlichem Handeln, mit denen der Einzelne seine Rechtsverhältnisse gestalten kann, Palandt/*Ellenberger*, Überbl. v. § 104 BGB, Rn. 4.
42 Larenz/*Wolf*, AT, § 6, Rn. 12.

§ 3 Geschäfts- und Testierunfähigkeit, §§ 104, 105, 2229 BGB   23

der Testierfreiheit geschützt sind. Selbstbestimmung setzt aber Selbstbestimmungsfähigkeit voraus. Nur wenn der Einzelne in der Lage sei, selbstbestimmt zu handeln und im wirtschaftlichen Bereich eigenverantwortliche Entscheidungen zu treffen, können seine letztwilligen Verfügungen grundrechtlichen Schutz beanspruchen. Der Einzelne muss demzufolge die für die Testamentserrichtung erforderliche Einsichts- und Handlungsfähigkeit besitzen. An der für die Grundrechtsausübung im Rahmen des Art. 14 Abs. 1 S. 1 GG notwendigen Selbstbestimmungsfähigkeit kann es bei Erwachsenen mangeln, wenn der Erblasser aufgrund geistiger oder körperlicher Gebrechen zu eigenverantwortlicher Testamentserrichtung nicht in der Lage ist"[43].

Mithin wird von Art. 14 Abs. 1 S. 1 GG jeder selbstbestimmungsfähigen Person die Errichtung eines Testaments bzw. Erbvertrages verfassungsrechtlich gewährleistet.

Die erforderliche Selbstbestimmungsfähigkeit des Erwachsenen umschreibt das Gesetz bei der Geschäftsfähigkeit mit „freier Willensbestimmung", § 104 Nr. 2 BGB. Bei der Testierfähigkeit spricht das Gesetz von der Fähigkeit, die Bedeutung einer Willenserklärung einzusehen und nach dieser Einsicht zu handeln, § 2229 Abs. 4 BGB (Einsichts- und Handlungsfähigkeit)[44].

IV. Abgrenzung zur Geschäfts- und Testierunfähigkeit wegen eines zu jungen Alters

Der Rechtsverkehr würde allerdings mit einer unerträglichen Ungewissheit belastet, wenn in jedem Einzelfall die Fähigkeit zur selbstbestimmten Entscheidung überprüft werden müsste. Deshalb hat der Gesetzgeber, soweit es um die altersbedingte Verstandesreife geht, um dem Bedürfnis des Rechtsverkehrs nach Rechtssicherheit Rechnung zu tragen, nicht auf die individuelle Einsichts- und Handlungsfähigkeit des Rechtssubjekts abgestellt, sondern stattdessen ein starres, auf zwingende Altersgrenzen abstellendes Stufensystem verschiedener Geschäftsfähigkeiten geschaffen[45]. Der Gesetzgeber will damit bestimmte Perso-

---

43 BVerfGE 99, 341 (352).
44 Larenz/Wolf, AT, § 6, Rn. 12; Flume, AT II, § 13 3.
45 Flume, AT II, § 13 2. Die Bindung der Geschäftsunfähigkeit bzw. beschränkten Geschäftsfähigkeit an starre Altersgrenzen war nicht unumstritten. So wurde bei der Beratung des zweiten Entwurfs darüber diskutiert, ob man nicht doch stattdessen auf eine Prüfung der Urteils- und Einsichtsfähigkeit im Einzelfall abstellen solle, die alleine der Tatsache Rechnung tragen könne, dass die individuelle Entwicklung der geistigen Reife im Kindesalter sehr unterschiedlich verlaufe. Im Ergebnis wurde dies aber mehrheitlich verworfen, da nur die Einführung starrer Altersgrenzen für die nötige Rechtssicherheit sorgen könne und gewisse Willkürlichkeiten jeder

nengruppen, bei denen das notwendige Urteilsvermögen typischerweise fehlt, vor den Folgen unüberlegter Rechtsgeschäfte schützen und versagt ihnen deshalb die Geschäftsfähigkeit[46].

Dies ist so geregelt, dass Minderjährige unter sieben Jahren geschäftsunfähig sind, § 104 Nr. 1 BGB. Ein Minderjähriger, der das siebente Lebensjahr vollendet hat, ist beschränkt geschäftsfähig, § 106 BGB. Bis auf lediglich rechtlich vorteilhafte Rechtsgeschäfte bedürfen Rechtsgeschäfte beschränkt Geschäftsfähiger grundsätzlich der Einwilligung des gesetzlichen Vertreters, § 107 BGB.

Der Vertragserblasser muss unbeschränkt geschäftsfähig sein, § 2275 Abs. 1 BGB. Ausnahmsweise genügt nach § 2275 Abs. 2 und 3 BGB die beschränkte Geschäftsfähigkeit, wenn er mit seinem Ehegatten oder Verlobten einen Erbvertrag schließt. Er bedarf dann der Zustimmung seines gesetzlichen Vertreters, § 2275 Abs. 2 S. 2 BGB. Für den Vertragsgegner gelten die allgemeinen Vorschriften über Verträge, also die §§ 104, 105 ff. BGB.

Testierunfähig sind Minderjährige unter 16 Jahren, § 2229 Abs. 1 BGB. Hat der Minderjährige das 16. Lebensjahr vollendet, so ist er testierfähig. Er ist allerdings von der Form des privatschriftlichen Testaments ausgeschlossen, § 2247 Abs. 4 BGB, kann also nur ein öffentliches Testament errichten und dieses auch nicht durch Übergabe einer verschlossenen Schrift, § 2233 Abs. 1 BGB. Eine § 106 BGB entsprechende beschränkte Testierfähigkeit gibt es nicht. Insofern hat der Gesetzgeber für das Testament den Zeitpunkt der Mündigkeit vorverlagert auf die Vollendung des 16. Lebensjahres[47]. Der Minderjährige bedarf nicht der Zustimmung seiner gesetzlichen Vertreter, § 2229 Abs. 2 BGB.

Natürliche Einsichts- und Handlungsfähigkeit sind folglich mit der Geschäfts- und Testierfähigkeit nicht notwendig deckungsgleich. Die Geschäftsunfähigkeit und beschränkte Geschäftsfähigkeit wegen eines zu jungen Alters ist damit als ein rechtlicher Status zu qualifizieren, der nur durch Erreichen der Volljährigkeit zum Status der Geschäftsfähigkeit verändert werden kann[48]. Entsprechend wird der Status der Testierunfähigkeit mit Vollendung des 16. Lebensjahres zum Status der Testierfähigkeit verändert. Diese Status sind Voraussetzung dafür, dass ein geäußerter natürlicher Wille als rechtsgeschäftlicher Wille rechtliche Erheblichkeit erlangt[49].

Grenzziehung immanent seien, Protokolle Bd. I, S. 46-49; *Mugdan*, Bd. I, S. 581-583. Auch der Vorschlag, das Kindesalter auf den Zeitraum bis zur Vollendung des 12. Lebensjahres zu erstrecken, wurde abgelehnt, Protokolle, Bd. I, S. 49; *Mugdan*, Bd. I, S. 583.

46 Larenz/*Wolf*, AT, § 6, Rn. 12.
47 Larenz/*Wolf*, AT, § 6, Rn. 17.
48 *Flume*, AT II, § 13 2.
49 Staudinger/*Knothe*, Vorbem. zu §§ 104 -115 BGB, Rn. 10.

V. Regel-Ausnahme-Verhältnis

Dies führt zum Verhältnis von (positiver) Geschäfts- und Testierfähigkeit zur (negativen) Geschäfts- und Testierunfähigkeit. Unter dem Gesichtspunkt der Beweislastverteilung wird von einem Regel-Ausnahme-Verhältnis gesprochen. Das Gesetz gehe grundsätzlich von der Geschäftsfähigkeit jeden Menschen aus und versage nur einzelnen Personengruppen die volle Geschäftsfähigkeit[50]. Die Geschäfts- und Testierfähigkeit sei deshalb die Regel, die Geschäfts- und Testierunfähigkeit die Ausnahme[51]. Dies wird daraus hergeleitet, dass sich im Gesetz keine positive Beschreibung der Geschäfts- und Testierfähigkeit findet, sondern die in den §§ 104 Nr. 2, 2229 Abs. 4 BGB getroffenen Regelungen – im Sinne einer negativen Umschreibung – lediglich die Kriterien der Geschäfts- und Testierunfähigkeit festlegen. Das Gesetz sehe daher grundsätzlich alle Menschen als geschäfts- und testierfähig an und regele lediglich die Ausnahmefälle der Geschäfts- und Testierunfähigkeit[52].

Die Herleitung aus dem Gesetzeswortlaut und der Gesetzessystematik erklärt jedoch nur unzureichend das Regel-Ausnahme-Verhältnis, und die These, das Gesetz sehe alle Menschen als geschäfts- und testierfähig an, trifft so nicht zu. Das Gesetz geht vielmehr erst dann von der Geschäfts- und Testierfähigkeit aller Personen aus, wenn diese geschäfts- bzw. testiermündig sind, d.h. mit Erreichen des Status der Geschäftsfähigkeit, also mit Vollendung des 18. Lebensjahres bzw. des Status der Testierfähigkeit, also mit Vollendung des 16. Lebensjahres, § 2229 Abs. 1 BGB.

Erst mit Erreichen dieser Altersgrenzen wird dem Betroffenen das Rechtsgeschäft voll verantwortlich zugerechnet, und zwar unabhängig davon, ob er die erforderliche Einsichts- und Handlungsfähigkeit besitzt. Zwar orientiert sich der Gesetzgeber bei seiner Entscheidung über die Altersgrenzen an den vorhandenen Erkenntnissen über die menschliche Entwicklung, dennoch erfolgt die rechtliche Anerkennung des Menschen als sich selbst bestimmend und zur freien Entscheidung fähige Rechtsperson unabhängig davon, ob der Person das erforderliche Urteilsvermögen fehlt, mit Eintritt der gesetzlich festgelegten Altersgrenzen[53]. Die natürliche Geschäfts- und Testierunfähigkeit begründet dann (nur) die Mög-

---

50 Larenz/*Wolf*, AT, § 6, Rn. 13; Staudinger/*Knothe*, Vorbem. zu §§ 104 – 115 BGB, Rn. 6.
51 Allgemeine Meinung, vgl. BayObLGZ 2002, 62 (64); Larenz/*Wolf*, AT, § 6, Rn. 14; Münch-Komm/*Schmitt*, § 104 BGB, Rn. 2/21; Soergel/*Hefermehl*, Vor § 104 BGB, Rn. 8 und für die Testierfähigkeit: Soergel/*Mayer*, § 2229 BGB, Rn. 22; Staudinger/*Baumann*, § 2229 BGB, Rn. 52; MünchKomm/*Hagena*, § 2229 BGB, Rn. 58.
52 *Zimmermann*, BWNotZ 2000, 97 (98).
53 *Pawlowski*, AT, § 2, Rn. 168 und § 2 II 2, Rn. 176.

lichkeit, ein *einzelnes* Rechtsgeschäft nachträglich zu korrigieren[54]. Der Grund dafür, feste Altersgrenzen einzuführen und damit die Geschäfts- und Testierfähigkeit nicht von der individuellen Einsichts- und Handlungsfähigkeit abhängig zu machen, liegt zum einen in der Rechtsunsicherheit, der entscheidende Grund liegt jedoch in der durch das Grundgesetz gewährleisteten Privatautonomie, die es jedem mündigen Menschen überlässt, seine Beziehungen nach seinem eigenen Willen und Vorstellungen zu gestalten. Der Gesetzgeber hat diese Freiheit zur rechtsgeschäftlichen Selbstbestimmung durch die – formale – Festlegung von Altersgrenzen gewährleistet[55]. Jede Person wird danach mit Eintritt der Mündigkeit allgemein als eigenverantwortlicher Entscheidungsträger anerkannt[56], so dass man von einer allgemeinen Zulassung zum Rechtsverkehr, d.h. einer Zulassung unter den gleichen Bedingungen wie jede andere Rechtsperson, sprechen kann. Die Regelungen zur Geschäfts- und Testierfähigkeit regeln dann nur einen Ausschnitt der Zulassung zum Rechtsverkehr[57]. Aus dieser allgemeinen Zulassung zum Rechtsverkehr bei Eintritt der gesetzlich festgelegten Altersgrenzen folgt, dass es nicht darum geht, dass die Geschäfts- und Testierfähigkeit positive Voraussetzung ist, um die Wirksamkeit der Verfügung von Todes wegen anzuerkennen, sondern es allein negativ darum geht, dass trotz der allgemeinen Zulassung zum Rechtsverkehr einem bestimmten Rechtsgeschäft ausnahmsweise die rechtliche Anerkennung zu versagen ist, also um die Geschäfts- und Testierunfähigkeit[58]. Die Frage nach der natürlichen Geschäfts- und Testierunfähigkeit stellt sich also erst, wenn der Minderjährige unbeschränkt geschäftsfähig bzw. testierfähig ist[59]. Aus diesem Grund grenzt das Gesetz allein den Personenkreis der Nichtgeschäfts- und Nichttestierfähigen infolge psychisch-geistiger Insuffizienz ab, umschreibt also nur negativ die Geschäfts- und Testierunfähigkeit.

Das Regel-Ausnahme-Verhältnis hat seinen Grund damit in der allgemeinen Zulassung jedes Mündigen zum Rechtsverkehr.

---

54 *Pawlowski*, AT, § 2, Rn. 196.
55 *Pawlowski*, AT, § 2 II 2, Rn. 171.
56 *Mayer-Maly*, FamRZ 1970, 617 (619); *Schwab*, JZ 1970, 745 (750); Larenz/*Wolf*, AT, § 2, Rn. 15.
57 *Lipp*, § 4 II., S. 42.
58 *Lipp*, § 4 II., S. 46, bezogen auf die Handlungsfähigkeit, als Fähigkeit einer Person, durch ihr Verhalten Rechtswirkungen irgendwelcher Art herbeizuführen. Die Geschäfts- und Testierfähigkeit stellt jeweils eine Unterart der Handlungsfähigkeit dar, Soergel/*Hefermehl*, Vor. § 104 BGB, Rn. 1.
59 *Lipp*, § 4 II., S. 46.

§ 3 Geschäfts- und Testierunfähigkeit, §§ 104, 105, 2229 BGB

VI. Voraussetzungen der natürlichen Geschäfts- und Testierunfähigkeit

Die in Bezug auf Verfügungen von Todes wegen zu beachtende Sondervorschrift des § 28 BeurkG spricht nur von „Geschäftsfähigkeit" und nicht von „Testierfähigkeit". Nach der Gesetzesbegründung ist lediglich die Geschäftsfähigkeit erwähnt, damit die Vorschrift des § 28 BeurkG auch für die Beurkundung von Erbverträgen anwendbar sei[60]. Dies wirft die Frage auf, ob die Geschäftsfähigkeit die Testierfähigkeit – wie der Gesetzgeber annimmt – mit umfasst. Dabei knüpft § 28 BeurkG als verfahrensrechtliche Vorschrift an die dem materiellen Recht zu entnehmenden Begriffe der Geschäfts- und Testierfähigkeit an[61].

Soweit Geschäftsunfähigkeit bejaht werden soll, müssen die folgenden Tatbestandsmerkmale erfüllt sein:

– der Erklärende muss sich in einer dauerhaften (§ 104 Nr. 2 2. Hs. BGB) oder vorübergehenden (§ 105 Abs. 2 BGB) krankhaften Störung der Geistestätigkeit oder Bewusstlosigkeit (psychisch-geistige Insuffizienz) befinden,
– der seine freie Willensbestimmung ausschließt, und
– der Ausschluss der freien Willensbestimmung muss auf der psychisch-geistigen Insuffizienz beruhen (Kausalität)[62].

Zur Bejahung der Testierunfähigkeit ist erforderlich, dass

– der Testierende dauernd oder vorübergehend geisteskrank, geistesschwach oder bewusstseinsgestört ist,
– er unfähig ist, die Bedeutung einer Willenserklärung einzusehen und nach dieser Einsicht zu handeln, und
– die psychisch-geistige Insuffizienz für die Einsichts- und Handlungsunfähigkeit kausal ist[63].

Auffallend ist, dass der Gesetzestext bei der Testierunfähigkeit nicht auf den Ausschluss der freien Willensbestimmung als Folge der Erkrankung abstellt. Das Gesetz unterscheidet bei der Testierunfähigkeit zwischen der Einsichtsfähigkeit in die Bedeutung *einer* Willenserklärung und der Möglichkeit, nach dieser Einsicht zu handeln. Außerdem führt neben der krankhaften Störung der Geistestätigkeit auch die Geistesschwäche und die Bewusstseinsstörung zur Testierunfähigkeit. Zudem wird bei der Regelung des § 2229 Abs. 4 BGB nicht zwischen

---

60 BT-Drucks. V/3282, S. 34.
61 Reimann/Bengel/Mayer/*Bengel*, § 28 BeurkG, Rn. 5; vgl. auch Soergel/*Mayer*, § 11 BeurkG, Rn. 1.
62 Staudinger/*Knothe*, § 104 BGB, Rn. 4.
63 *Kruse*, NotBZ 2001, 405 (409).

genereller Testierunfähigkeit entsprechend § 104 Nr. 2 BGB und vorübergehenden Störungen entsprechend § 105 Abs. 2 BGB unterschieden. Danach decken sich die Voraussetzungen der Testierunfähigkeit dem Wortlaut nach nicht in allen Einzelheiten mit denen der Geschäftsfähigkeit.

Trotz dieser Unterschiede im Gesetzeswortlaut behandelt die Rechtsprechung beide Fälle gleich. So „ist es unschädlich, wenn das Gericht bei der Frage der Wirksamkeit einer in einem Erbvertrag getroffenen letztwilligen Verfügung auf die Testierfähigkeit statt auf die Geschäftsfähigkeit des Erblassers abstellt, die Prüfung führt in der Regel zu gleichen Ergebnissen. § 2229 Abs. 4 BGB fasst lediglich sachlich die Gesichtspunkte zusammen, die gem. §§ 104 Nr. 2, 105 Abs. 2 BGB zur Nichtigkeit einer Willenserklärung führen"[64]. „§ 104 Nr. 2 BGB umfasst nicht nur die Geisteskrankheit, sondern auch die Geistesschwäche"[65]. „Dabei handelt es sich um eine dem Grad nach geringere geistige Erkrankung"[66].

Dies wirft die Frage auf, ob die Gleichbehandlung der Rechtsprechung contra legem ist, denn es stellt sich die Frage, warum der Gesetzgeber in der Regelung zur Testierunfähigkeit noch die Geistesschwäche und Bewusstseinsstörung hinzunimmt und auf die Einsichts- und Handlungsfähigkeit abstellt.

Die Unterschiede im Wortlaut sind damit zu beantworten, dass der Gesetzgeber die Regelungen des Testamentsgesetzes wörtlich in das Bürgerliche Gesetzbuch im Jahr 1953 übernahm. Fraglich ist aber, ob in der Sache etwas anderes gemeint ist.

Einigkeit besteht zunächst darüber, dass es sich bei den Formulierungen „Zustand krankhafter Störung der Geistestätigkeit", „Bewusstlosigkeit", "Geistesschwäche", „Bewusstseinsstörung" oder „Geistesstörung" um Rechtsbegriffe handelt, die jede psychisch-geistige Insuffizienz umfassen, unabhängig von deren medizinisch-psychiatrischer Einordnung und Bezeichnung[67].

Nach der Rechtsprechung zur Geschäftsunfähigkeit ist die freie Willensbestimmung ausgeschlossen "bei einem Wegfall der Fähigkeit zum Handlungsentschluss aufgrund vernünftiger, der allgemeinen Verkehrsauffassung entsprechender Würdigung der gegebenen Verhältnisse infolge des übermächtigen, beherrschenden Einflusses der krankheitsbedingten Vorstellungen, Empfindungen oder der Einflüsse dritter Personen, denen der Betreffende widerstandslos ausgeliefert ist"[68].

---

64 BayObLG FamRZ 2002, 62 (63), welches die fehlende Einsichtsfähigkeit nicht erwähnt und von identischen Voraussetzungen der Geschäfts- und Testierunfähigkeit ausgeht.
65 OLG Düsseldorf FamRZ 1998, 1064 (1070).
66 BGH WMP 1965, 895 (896).
67 Jeder abnorme geistig-seelische Zustand: RGZ 130, 69 (71); RGZ 162, 223 (228); *Göppinger*, Die Justiz 1968, 148 (149/153); Staudinger/*Knothe*, Vorbem. zu §§ 104 – 115 BGB, Rn. 7.
68 RGZ 103, 399 (401); 130, 69 (71); BGH NJW 1996, 918 (919); BayObLGZ 2, 403 (406).

§ 3 Geschäfts- und Testierunfähigkeit, §§ 104, 105, 2229 BGB

Nach der Rechtsprechung des BayObLG zur Testierunfähigkeit „ist testierunfähig derjenige, dessen Erwägungen und Willensentschlüsse nicht mehr auf einer dem allgemeinen Verkehrsverständnis entsprechenden Würdigung der Außendinge und Lebensverhältnisse beruhen, sondern durch krankhaftes Empfinden oder krankhafte Vorstellungen und Gedanken derart beeinflusst werden, dass sie tatsächlich nicht mehr frei sind, sondern vielmehr von diesen krankhaften Einwirkungen beherrscht werden. Diese Unfreiheit der Erwägungen und der Willensbildung braucht nicht darin zu Tage treten, dass der Erblasser sich keine Vorstellung von der Tatsache der Errichtung eines Testaments und von dessen Inhalt oder von der Tragweite seiner letztwilligen Anordnungen, insbesondere von ihrer Auswirkung auf die persönlichen und wirtschaftlichen Verhältnisse der Betroffenen zu machen vermag; sie kann sich vielmehr darauf beschränken, die Motive für die Errichtung einer letztwilligen Verfügung entscheidend zu beeinflussen. Testierunfähig ist daher auch derjenige, der nicht in der Lage ist, sich über die für und gegen die sittliche Berechtigung einer letztwilligen Verfügung sprechenden Gründe ein klares Urteil zu bilden und nach diesem Urteil frei von Einflüssen etwaiger interessierter Dritter zu handeln"[69].

Das Hauptgewicht legt die Rechtsprechung also – auch bei der Testierunfähigkeit – auf die Fähigkeit zum freien Willensentschluss, mithin auf die voluntative Seite der psychischen Vorgänge, nicht so sehr auf die verstandesmäßige intellektuelle Komponente. So „sind weniger die Fähigkeiten des Verstandes, als die Freiheit des Willensentschlusses ausschlaggebend. Es kommt darauf an, ob eine freie Entscheidung aufgrund einer Abwägung des Für und Wider, eine sachliche Prüfung der in Betracht kommenden Gesichtspunkte möglich ist, oder ob umgekehrt von einer freien Willensbildung nicht mehr gesprochen werden kann, etwa weil der Betroffene fremden Willenseinflüssen unterliegt, oder die Willenserklärung durch unkontrollierte Triebe und Vorstellungen ähnlich einer mechanischen Verknüpfung von Ursache und Wirkung ausgelöst wird"[70].

Teile der Literatur wollen demgegenüber unter Hinweis auf die untrennbare Einheit von Willen und Intellekt beide Komponenten im Wesentlichen gleichmäßig berücksichtigen, wie dies in der moderneren Formulierung des § 2229 Abs. 4 BGB zum Ausdruck kommt. Auch Geschäftsunfähigkeit bestehe danach in der Unfähigkeit, die Bedeutung einer abgegebenen Willenserklärung einzusehen und nach dieser Einsicht zu handeln[71]. Dieser Ansicht ist zuzustimmen, denn es geht bei der natürlichen Geschäfts- und Testierunfähigkeit nicht nur um das

---

69 BayObLG FamRZ 2000, 701 (701).
70 BGH NJW 1970, 1680 (1681); BGH FamRZ 1984, 1003 (1003).
71 *Flume*, AT II, § 13 3; Larenz/*Wolf*, AT, § 6 II 2 b), Rn. 18.

Willensmoment, sondern um das geistig-willensmäßige Vermögen, das nicht in sich aufgespalten werden kann[72].

Auch die Unterscheidung bei der Geschäftsfähigkeit zwischen einem dauernden und einem nur vorübergehenden Ausschluss der freien Willensbestimmung nach § 105 Abs. 2 BGB führt nicht zu einem Unterschied in der Sache. Er hat nur Bedeutung für den Zugang fremder Willenserklärungen, § 131 Abs. 1 BGB, und ist mithin für die Wirksamkeit der eigenen Willenserklärung unerheblich[73].

Sachlich entsprechen sich somit die §§ 104 Nr. 2, 105 Abs. 2, 2229 Abs. 4 BGB[74]. Natürliche Geschäfts- und Testierunfähigkeit besteht danach in der im konkreten Fall infolge einer psychisch-geistigen Insuffizienz vorliegenden Unfähigkeit, die Bedeutung einer abgegebenen Willenserklärung einzusehen und nach dieser Einsicht zu handeln. Sofern also im Folgenden im Zusammenhang mit den Vorschriften der §§ 11, 28 BeurkG von „Testierunfähigkeit" anstatt von „Geschäftsunfähigkeit" gesprochen wird, beziehen sich die Ausführungen auf die Beurkundung eines Testaments, wobei Entsprechendes sinngemäß für die Beurkundung eines Erbvertrages und der dort maßgeblichen Geschäftsfähigkeit gilt.

Wenn die Rechtsprechung bei der Auslegung der Rechtsbegriffe „Ausschluss der freien Willensbestimmung" bzw. „Handlungsfreiheit" als Maßstab ein „allgemeines Verkehrsverständnis", eine „vernünftige Entscheidung" und eine „sittliche Berechtigung" anlegt, so erscheint dies mit Blick auf das durch das Grundgesetz gewährleistete Selbstbestimmungsrecht problematisch, weil es für das, was dem „allgemeinen Verkehrsverständnis" entspricht, „vernünftig" oder „sittlich berechtigt" ist, keinen objektiven Maßstab gibt. Damit würde man den Betroffenen letztlich der persönlichen Auffassung des Richters, was seinem Verständnis entspricht, vernünftig oder sittlich berechtigt ist, also einem fremden Maßstab unterwerfen[75]. Insofern folgt aber aus dem Selbstbestimmungsrecht, dessen Umsetzung die Geschäfts- und Testierfähigkeit dient, dass der Betroffene nach seinen Ansichten und Neigungen handeln und entscheiden können soll und seine Rechtsgeschäfte nicht durch vernünftige und von Dritten nachvollziehbare Gründe rechtfertigen muss[76]. Das ist aber nur möglich, wenn man dessen Willenserklärungen allein darauf überprüft, ob sie sich mit dem geltenden Recht ver-

---

72 *Rasch*, Zeitschrift für ärztliche Fortbildung 1992, 767 (769); *Flume*, AT II, § 13 3 (185); Staudinger/*Knothe*, § 104 BGB, Rn. 11.
73 *Medicus*, AT, Rn. 544/545.
74 OLG Düsseldorf FamRZ 1998, 1064 (1065); *Flume*, AT II, § 13 3 (185); Staudinger/*Baumann*, § 2229 BGB, Rn. 12.
75 *Pawlowski*, AT, § 2 II 2, Rn. 171; *Lipp*, § 4 III., S. 69.
76 BayObLGZ 1991, 59 (64); 2001, 289 (295); OLG Frankfurt NJW-RR 1998, 870 (871); Soergel/*Mayer*, § 2229 BGB, Rn. 11.

§ 3 Geschäfts- und Testierunfähigkeit, §§ 104, 105, 2229 BGB   31

einbaren lassen, und nicht darauf, ob sie vernünftig oder sittlich berechtigt sind[77]. Sittliche Kategorien sind demzufolge erst dann beachtlich, wenn die durch § 138 BGB gezogene Grenze überschritten ist[78].

Da somit keine inhaltliche Prüfung des Testaments oder Erbvertrags auf seine „Vernünftigkeit" oder „sittliche Berechtigung" vorgenommen werden darf, ist zur Bejahung von natürlicher Geschäfts- und Testierunfähigkeit allein maßgeblich, *dass der Erblasser infolge einer psychisch-geistigen Insuffizienz nicht in der Lage ist, sich über die Tragweite der Anordnungen, insbesondere über ihre Auswirkungen auf die persönlichen und wirtschaftlichen Verhältnisse der Betroffenen und die Gründe, welche für und gegen die Anordnungen sprechen, ein klares Urteil zu bilden (kognitives Element) und nach diesem Urteil frei von Einflüssen etwaiger interessierter Dritter zu handeln (voluntatives Element)*[79].

Willenserklärungen eines Geschäftsunfähigen sind gem. § 105 Abs. 1 und Abs. 2 BGB nichtig. Wenn es in § 2229 Abs. 4 BGB heißt, der Geschäftsunfähige „könne" ein Testament nicht errichten, so ist die Rechtsfolge trotz der unterschiedlichen Ausdrucksweise des Gesetzes dieselbe[80].

Bereits aus dem Gesetzeswortlaut ergibt sich, dass zwischen den Voraussetzungen der Geschäfts- und Testierunfähigkeit und dem abgeschlossenen Rechtsgeschäft kein Ursachenzusammenhang erforderlich ist und es somit unerheblich ist, ob der Betreffende die Willenserklärung, deren Wirksamkeit infrage steht, nur aufgrund seiner geistig-psychischen Störung abgegeben hat[81].

Diskutiert wird, ob die volle Testierfähigkeit nur bei Abgabe der mündlichen Erklärung oder auch noch bei der Verlesung und Genehmigung des sodann erstellten Testaments vorhanden sein muss. Überwiegend wird vertreten, dass es ausreiche, wenn der Erblasser im Zeitpunkt der Verlesung und Genehmigung noch allgemein die Bedeutung des verlesenen Testaments erkennen und sich frei entschließen könne, ob er zustimmen wolle. Nicht erforderlich sei, dass er bei der Verlesung und Genehmigung in der Lage sei, den Inhalt des Testaments von sich aus zu bestimmen und zum Ausdruck zu bringen[82]. Dem ist nicht zuzustimmen. Es geht um die Einsichts- und Urteilsfähigkeit für den jeweiligen Akt. Das

---

77 *Pawlowski*, AT, § 2 II 2; *Lipp*, § 4 III., S. 69.
78 Reimann/Bengel/Mayer/*Voit*, § 2229 BGB, Rn. 15; Soergel/*Mayer*, § 2229 BGB, Rn. 11.
79 Vgl. OLG München ZFE 2009, 359 (360), welches diese Formulierung verwendet.
80 Soergel/*Mayer*, § 2229 BGB, Rn. 21;
81 RG WarnR 1914, Nr. 107, S. 152; Staudinger/*Knothe*, § 104 BGB, Rn. 17.
82 BGHZ 30, 294 (298); zwischenzeitliche Verschlechterung des Geisteszustandes durch einen Schlaganfall; Nieder/Kössinger/*Kössinger*, § 7, Rn. 22; Keidel/*Winkler*, § 28 BeurkG, Rn. 7; MünchKomm/*Hagena*, § 2229 BGB, Rn. 4; zustimmend auch Reimann/Bengel/Mayer/*Voit*, § 2229 BGB, Rn. 19 und Soergel/*Mayer*, § 222 BGB9, Rn. 17, wenn die Willensbildung bereits im testierfähigen Zustand abgeschlossen war und ein enger zeitlicher Zusammenhang zwischen der Formulierung des letzten Willens und seiner Ingeltungsetzung besteht.

2. Teil: Prüfungs- und Dokumentationspflichten des Notars

ist die Verlesung und die Genehmigung, also Zustimmung nach der Verlesung. Somit ist in diesem Zeitpunkt, also am Schluss der Beurkundung die volle Geschäfts- und Testierfähigkeit erforderlich[83].

VII. Partielle Geschäfts- und Testierunfähigkeit

Die partielle Geschäfts- und Testierunfähigkeit betrifft die Frage, ob sich der Ausschluss der Geschäfts- und Testierfähigkeit wegen einer psychisch-geistigen Insuffizienz auf einen gegenständlich abgegrenzten Kreis von Angelegenheiten beschränken kann. Während die herrschende Meinung dies bei der Geschäftsfähigkeit annimmt[84], gibt es nach herrschender Meinung keine diesem entsprechende partielle Testierunfähigkeit[85]. Begründet wird die partielle Geschäftsunfähigkeit regelmäßig damit, dass sich der Zustand des Betroffenen nur auf diesem Gebiet auswirke und er daher nur insoweit geschäftsunfähig sei[86]. Diese Auffassung verkennt, dass sich sowohl die natürliche Geschäftsunfähigkeit als auch die natürliche Testierunfähigkeit immer nur auf ein konkretes einzelnes Rechtsgeschäft bezieht und – weil die psychisch-geistige Insuffizienz für die Abgabe der Willenserklärung nicht kausal sein muss – deshalb zu beurteilen ist, ob die Einsichts- und Handlungsfähigkeit in Bezug auf dieses konkrete Rechtsgeschäft, also die Errichtung eines Testaments oder den Abschluss eines Erbvertrags, fehlt. Dazu hat das BayObLG zum Ausschluss der Testierfähigkeit zutreffend ausgeführt: „Wird der Lebensbereich, in dem krankhafte Störungen der Geistestätigkeit auftreten, in dem Testament berührt, kann im Einzelfall die Testierfähigkeit ausgeschlossen sein, dann aber völlig, wenn die Voraussetzungen des Absatzes 4 vorliegen. Daher besteht entweder die Fähigkeit, ein Testament zu errichten oder nicht"[87]. Näher betrachtet bedarf es deshalb auch für die Geschäftsfähigkeit keines Rückgriffs auf eine partielle Geschäftsunfähigkeit, denn der Begriff der partiellen Geschäftsunfähigkeit meint nicht, dass eine (nur)

---

83 Armbrüster/Preuss/Renner/*Renner*, § 11 BeurkG, Rn. 17; Lange/*Kuchinke*, § 18 II 1, Fn. 10.
84 BGHZ 18, 184 (186/187); BGH NJW 1970, 1680 (1681); BayObLGZ 1958, 5 (6); *Flume*, AT II, § 13 4; Larenz/*Wolf*, AT, § 6 II 2 d), Rn. 24, *Medicus*, AT, Rn. 542; Soergel/*Hefermehl*, § 104 BGB, Rn. 7; Staudinger/*Knothe*, § 104 BGB, Rn. 14; MünchKomm/*Schmitt*, § 104 BGB, Rn. 15.
85 BayObLGZ 1991, 59 (62); BayObLG FamRZ 1996, 1109 (1110); Staudinger/*Baumann*, § 2229 BGB, Rn. 20; Soergel/*Mayer*, § 2229, Rn. 12; Kruse, NotBZ 2001, 405 (408); *Weser*, Mitt-BayNot 1992, 161 (169); *Zimmermann*, BWNotZ 2000, 97 (98); MünchKomm/*Hagena*, § 2229 BGB, Rn. 16; *Wetterling/Neubauer*, ZEV 1995, 46 (50), die darauf hinweisen, dass psychiatrisch eine solche Abgrenzung zumindest bei Dementen nicht möglich sei.
86 Siehe Fn. 84.
87 BayObLGZ 1991, 59 (62).

§ 3 Geschäfts- und Testierunfähigkeit, §§ 104, 105, 2229 BGB

partielle Störung der Geistestätigkeit vorliegt, sondern betrachtet nur die Rechtsfolgen, dass sich die Störung hier nur sektoriell auf eine bestimmte Art von Geschäften auswirkt. Somit ist immer (nur) darüber zu entscheiden, ob durch diese sektorielle Störung die Einsichts- und Handlungsfähigkeit in Bezug auf das in Rede stehende konkrete Rechtsgeschäft fehlt[88]. Dies kann dann für mehrere gleichartige, im konkreten Fall zu beurteilende Rechtsgeschäfte der Fall sein und damit für jedes einzelne Rechtsgeschäft die Geschäftsfähigkeit ausschließen[89]. Demzufolge ist, auch wenn sich die Geschäftsunfähigkeit nur auf eine bestimmte Art von Geschäften bezieht, nicht über einen bestimmten Teil des Rechtsgeschäfts oder allgemein über die Fähigkeit zu Rechtsgeschäften, sondern immer über ein einzelnes Rechtsgeschäft oder einzelne Rechtsgeschäfte zu entscheiden, so dass es eines Rückgriffs auf eine partielle Geschäftsunfähigkeit nicht bedarf.

---

[88] *Lipp*, § 4 III. 1. a). Da keine Kausalität zwischen psychisch-geistiger Insuffizienz und Abgabe der Willenserklärung vorliegen muss, ist auch nicht der Inhalt des Rechtsgeschäfts auf seine Vernünftigkeit zu prüfen, so dass der Einwand von Pawlowski, AT, § 2 II, Rn. 198, „man könne eine partielle Geschäftsunfähigkeit nur dann feststellen, wenn man das Rechtsgeschäft inhaltlich darauf überprüft, ob es ein vernünftiger Mensch so auch abgeschlossen habe", nicht berechtigt ist.

[89] Vgl. BGH NJW-RR 2002, 1424 ff. bezogen auf die Inanspruchnahme von „Telefonsexdienstleistungen" für den Fall, dass der Nutzer von einer „Telefonsexpartnerin" derart sexuell und emotional abhängig war, dass er zu einer freien Willensbildung nicht mehr imstande war und daher die Dame jede freie Minute anrief; vgl. auch LG Osnabrück v. 15.11.1996, Az.: 3 O 82/95, http://www.juris.testa-de.net/jportal/portal/t/1jid/page/jurisw.psml?pid=Dokumentan zeige&showdoccase=1&js_peid=Trefferliste&documentnumber=1&numberofresults=1&from doctodoc=yes&doc.id=KORE400619700&doc.part=L&doc.price=0.0#focuspoint, bezogen auf alle Rechtsgeschäfte, die dem Ziel dienten, die Familie zu verlassen, für den Fall, dass eine Frau in ihrer Familie sexuell missbraucht wurde und sich infolgedessen in einer schweren psychischen Ausnahmesituation befand, so dass sie nur noch von dem Gedanken beseelt war, diesen Zustand zu beenden, ohne dass sie bei den diesem Ziel dienenden Rechtsgeschäften noch einen klaren Gedanken zu fassen vermochte; vgl. auch BayObLG DB 2003, 1565 ff. bezogen auf die Prozessfähigkeit für die Führung *eines* Prozesses eines ehemaligen GmbH-Gesellschafters in Angelegenheiten, die seine frühere Gesellschaftertätigkeit betrafen, weil er im Hinblick auf diesen Sachverhaltsbereich „realitätswidrige, paranoide Vorstellungen" bezüglich gegen ihn „gerichteter Machenschaften und Manipulationen" entwickelt hatte; vgl. auch BGHZ 30, 112 ff. bezogen auf die Prozessführung in *einem* bestimmten Prozess durch einen Rechtsanwalt für den Fall, dass dieser zurückgehend auf das Schlüsselerlebnis einer pflichtwidrigen Fristversäumnis einen Schock erlitt und infolge der Schockwirkung sein Verhalten in der Prozessführung nicht mehr seinen Erkenntnissen gemäß bestimmen konnte.

VIII. Relative Geschäfts- und Testierfähigkeit

Demgegenüber soll es eine mit dem Schwierigkeitsgrad des jeweiligen Rechtsgeschäfts korrespondierende relative Geschäfts- und Testierunfähigkeit nach nahezu einhelliger Meinung nicht geben. Begründet wird dies damit, dass die Befürwortung einer relativen Geschäftsunfähigkeit zu einer unerträglichen Rechtsunsicherheit führen würde, da sich mit dem Kriterium des Schwierigkeitsgrades eines Geschäfts keine klare Grenze zwischen Geschäftsfähigkeit und Geschäftsunfähigkeit ziehen lasse[90]. Der Verneinung einer Geschäfts- und Testierunfähigkeit für besonders schwierige Rechtsgeschäfte ist zuzustimmen. Ein Kriterium für schwierige Rechtsgeschäfte lässt sich nicht festlegen, weil die geistigen Fähigkeiten einer Person von verschiedenen Beurteilern je nach den Anforderungen, die sie stellen, unterschiedlich bewertet werden würden[91]. Entscheidend ist dabei, dass man bei dem Betroffenen nur dann feststellen kann, dass bei ihm die Voraussetzungen einer relativen Geschäfts- und Testierunfähigkeit vorliegen, wenn man dessen Rechtsgeschäft inhaltlich danach beurteilt, ob ein vernünftiger, einsichtsfähiger Mensch dies auch abgeschlossen haben würde. Die inhaltliche Beurteilung nach dem Kriterium der „Vernünftigkeit" ist aber mit der Anerkennung der Selbstbestimmung des Mündigen unvereinbar und deshalb abzulehnen[92].

IX. Geschäfts- und Testierfähigkeit und Betreuung

Die Entmündigung wegen Geisteskrankheit, die nach § 104 Nr. 3 BGB alte Fassung die Geschäftsunfähigkeit und nach § 2229 Abs. 3 BGB alte Fassung die

---

[90] Für die Geschäftsunfähigkeit: BGHZ 30, 112 (117); Larenz/*Wolf*, AT, § 6 II 2 d), Rn. 25; Staudinger/*Knothe*, § 104 BGB, Rn. 15; für die Testierunfähigkeit: Soergel/*Mayer*, § 2229 BGB, Rn. 9; Staudinger/*Baumann*, § 2229 BGB, Rn. 12; a.A. *Flume*, AT II, § 13 6, der das Argument der Rechtsunsicherheit für das Testamentsrecht nicht gelten lassen will und argumentiert, dass es beim Testament um die Verwirklichung des Willens des Testators gehe. Daher sei nicht ersichtlich, wie es sinnvoll sein könne, ein Testament gelten zu lassen, dessen Inhalt der Testator verstandesgemäß nicht erfasst habe, nur weil der Testator einfache Geschäfte noch habe vornehmen können. Diese Argumentation unter Heranziehung der Entscheidung OGHZ 2, 45 ff. überzeugt nicht, weil die Rechtsprechung bei der Testierfähigkeit neben der allgemeinen Vorstellung von der Errichtung eines Testaments und seines Inhalts auch verlangt, dass der Erblasser die Tragweite der Verfügung von Todes wegen erfassen kann, vgl. BayObLGZ 2001, 290 (293/294). Danach reicht es für die Geltung des Testaments nicht aus, dass der Testator noch einfache Geschäfte vornehmen kann.
[91] Staudinger/*Knothe*, § 104 BGB, Rn. 15.
[92] *Pawlowski*, AT, § 2 II 2, Rn. 198; *Lipp*, § 4 III., S. 65.

§ 4 Die Dokumentationspflichten zur Testierfähigkeit

Testierunfähigkeit zur Folge hatte, ist mit Wirkung zum 1.1.1992 durch das Gesetz zur Reform der Vormundschaft und Pflegschaft für Volljährige (BetreuungsGes – BtG) vom 12.9.1990[93] abgeschafft worden[94]. Damit ist die typisierte Form einer Geschäftsunfähigkeit und Testierunfähigkeit aufgrund psychisch-geistiger Erkrankung, wie sie nach den früheren §§ 104 Nr. 3, 2229 Abs. 3 BGB bei einer Entmündigung wegen Geisteskrankheit ipso iure eintrat und ohne Rücksicht auf das tatsächliche Bestehen der Krankheit bis zur Aufhebung der Entmündigung fortdauerte, mit der Beseitigung des Instituts der Entmündigung weggefallen[95]. An die Stelle der Entmündigung ist die Betreuung (§§ 1896 ff. BGB) getreten[96]. Eine Vertretung durch den Betreuer nach § 1902 BGB ist bei Verfügungen von Todes wegen, also Testament und Erbvertrag, unzulässig, weil es sich um höchstpersönliche Rechtsgeschäfte handelt[97]. Dementsprechend kann ein Einwilligungsvorbehalt nicht angeordnet werden, § 1903 Abs. 2 BGB. Die Wirksamkeit von Testamenten und Erbverträgen, die seit dem 1.1.1992 errichtet sind, bestimmt sich deshalb allein nach § 2229 Abs. 4 BGB bzw. § 104 Nr. 2 BGB. Infolgedessen ist als Regel von der unbeschränkten Geschäfts- und Testierfähigkeit des geschäfts- bzw. testiermündigen Betreuten auszugehen. Die Betreuung allein hat auf die Geschäfts- und Testierfähigkeit keinen Einfluss[98].

§ 4 Die Dokumentationspflichten zur Testierfähigkeit gem. §§ 28, 11 Abs. 1 S. 2, 17 Abs. 2 S. 2 BeurkG

Für die Beurkundung von Verfügungen von Todes wegen enthält das BeurkG in den §§ 27-35 besondere Vorschriften. Daneben sind die allgemeinen Vorschriften für die Beurkundung von Willenserklärungen (§§ 6-26 BeurkG) zu beachten[99].

Der Gesetzgeber hat im Beurkundungsgesetz bewusst zwischen sog. Muss-Vorschriften und sog. Soll-Vorschriften unterschieden. Sie unterscheiden sich in der Rechtsfolge. Der Unterschied besteht darin, dass die Muss-Vorschriften als

---

93 BGBl. I, S. 2002 ff.
94 Für alle bis zum 31.12.1991 errichteten Testamente behalten die Regelungen weiterhin Gültigkeit, Staudinger/*Baumann*, § 2229 BGB, Rn. 8.
95 Staudinger/*Knothe*, Vorbem. zu §§ 104 – 115 BGB, Rn. 10.
96 Soergel/*Hefermehl*, § 104 BGB, Rn. 8.
97 Staudinger/*Bienwald*, § 1896 BGB, Rn. 57; Palandt/*Diederichsen*, § 1896 BGB, Rn. 25; Soergel/*Zimmermann*, § 1896 BGB, Rn. 60.
98 BT-Drucks. 11/4528, Anlage 3, S. 227; Staudinger/*Bienwald*, § 1896 BGB, Rn. 19; Soergel/*Zimmermann*, § 1896 BGB, Rn. 25/30; MünchKomm/*Hagena*, § 2229 BGB, Rn. 11.
99 Keidel/*Winkler*, Vor §§ 27 ff. BeurkG, Rn. 2; Soergel/*Mayer*, § 1 BeurkG, Rn. 6.

Wirksamkeitsvoraussetzung für die Beurkundung ausgestaltet sind mit der Rechtsfolge, dass ein Verstoß die Beurkundung unwirksam macht[100]. Die materiellen Folgen der Nichtigkeit des Beurkundungsakts bestimmen sich danach, ob das Recht die Form der Beurkundung als Wirksamkeitsvoraussetzung für das Rechtsgeschäft ausgestaltet hat (z.B. § 2231 BGB). Ist dies der Fall, dann hat die Nichtigkeit der Beurkundung (also sozusagen die verfahrensrechtliche Nichtigkeit) die Nichtigkeit des Rechtsgeschäfts (die materielle Nichtigkeit) zur Folge, § 125 S. 1 BGB. Demgegenüber hat ein Verstoß gegen eine Soll-Vorschrift nicht die Unwirksamkeit der Beurkundung zur Rechtsfolge und führt dementsprechend die Nichtigkeit des Beurkundungsakts nicht zur materiellen Nichtigkeit des Rechtsgeschäfts nach § 125 S. 1 BGB wegen Formunwirksamkeit. Nach der Gesetzesbegründung unterscheiden sich die Muss-Vorschriften von den Soll-Vorschriften nur in dieser Rechtsfolge. „Auch durch Sollvorschriften werden unbedingte Amtspflichten der Urkundsperson begründet, von denen diese nicht nach ihrem Ermessen abweichen darf"[101].

Bei Verfügungen von Todes wegen soll der Notar gem. § 28 BeurkG seine Wahrnehmungen über die erforderliche Geschäftsfähigkeit in der Niederschrift vermerken. § 28 BeurkG ist eine Verfahrensvorschrift, die nichts darüber aussagt, welches Maß an Geschäftsfähigkeit „erforderlich" ist, sondern die an die materiell-rechtlichen Regelungen der §§ 104 Nr. 2, 105 BGB anknüpft[102].

Außerhalb von Verfügungen von Todes wegen soll der Notar gem. § 11 Abs. 1 S. 2 BeurkG Zweifel an der erforderlichen Geschäftsfähigkeit in der Niederschrift feststellen. Ergänzend bestimmt § 17 Abs. 2 S. 2 BeurkG, dass der Notar bei Zweifeln an der Wirksamkeit des Geschäfts hierüber belehren soll. Bestehen die Beteiligten dennoch auf einer Beurkundung, muss der Notar beurkunden. Gem. § 17 Abs. 2 S. 2 BeurkG soll der Notar dann seine Belehrung und die dazu abgegebenen Erklärungen der Beteiligten in der Niederschrift vermerken.

§ 5 Bedeutung des Grundrechts auf informationelle Selbstbestimmung gem. Art. 2 Abs. 1 GG i.V.m. Art. 1 Abs. 1 GG

Da der Notar nach § 28 BeurkG seine Wahrnehmungen zur Geschäftsfähigkeit vermerken soll, setzt dies voraus, dass er den psychisch-geistigen Zustand des Testierenden prüft. Damit sind persönliche Daten des Testierenden betroffen, so

---

100 BT-Drucks. V/3282, S. 24.
101 BT-Drucks. V/3282, S. 24.
102 Reimann/Bengel/Mayer/*Bengel*, § 28 BeurkG, Rn. 5.

§ 5 Bedeutung des Grundrechts auf informationelle Selbstbestimmung 37

dass sich die Frage nach der Vereinbarkeit dieser Vorschrift mit dem Grundrecht auf informationelle Selbstbestimmung als Ausprägung des allgemeinen Persönlichkeitsrechts stellt.

I. Zum Schutzbereich des Grundrechts auf informationelle Selbstbestimmung

Das durch Art. 2 Abs. 1 GG i.V.m. Art. 1 Abs. 1 GG geschützte Recht auf informationelle Selbstbestimmung gewährleistet die Befugnis des Einzelnen, grundsätzlich selbst darüber zu entscheiden, ob, in welchem Umfang und gegenüber welchen Personen persönliche Lebenssachverhalte offenbart werden[103]. Dies beinhaltet den Schutz vor der Erhebung und Weitergabe von Befunden über den Gesundheitszustand, die seelische Verfassung und den Charakter[104]. Der Schutz ist umso intensiver, je näher die Daten der Intimsphäre des Betroffenen stehen, die als unantastbarer Bereich privater Lebensgestaltung gegenüber aller staatlicher Gewalt Achtung und Schutz beansprucht[105].

Während das Bundesverfassungsgericht Aufzeichnungen des Suchtberaters über Gespräche, Tests und therapeutische Maßnahmen und ärztliche Karteikarten mit Angaben über Anamnese, Diagnose und therapeutische Maßnahmen nicht der unantastbaren Intimsphäre, sondern dem privaten Bereich des Patienten zugeordnet hat[106], hat es die beim psychologischen Teil einer Begutachtung durch die Straßenverkehrsbehörde zum Zwecke der Feststellung der Fahreignung ermittelten Befunde über den Charakter nahe dem unantastbaren Bereich der privaten Lebensgestaltung eingeordnet, „weil sie die Selbstachtung ebenso wie das gesellschaftliche Ansehen berühren und der Betroffene die Einzelheiten in einer verhörähnlichen Situation offen legen muss"[107].

Gegenstand der Prüfung des Notars ist der psychisch-geistige Zustand des Testierenden. Feststellungen darüber können den Testierenden seelisch belasten oder in seinem Selbstwertgefühl verletzen und deshalb die Selbstachtung des Testierenden berühren. Dies und die weitere Ausführung des Bundesverfassungsgericht, dass die Feststellungen im psychologischen Teil dem unantastba-

---

103 Grundlegend BVerfGE 65, 1 (43), Volkszählungsurteil.
104 BVerfGE 32, 373 (378): Erkenntnisse, die der Arzt durch seine berufliche Tätigkeit über den Gesundheitszustand des Patienten gewinnt; 44, 353 (372): Aufzeichnungen eines Suchtberaters über Gespräche, Tests, therapeutische Maßnahmen; Schmidt-Bleibtreu/Hofmann/Hopfauf/*Hofmann*, Art. 2 GG, Rn. 28; v. Mangoldt/Klein/Starck/*Starck*, Art. 1 GG, Rn. 98.
105 BVerfGE 89, 69 (84).
106 BVerfGE 44, 373 (372).
107 BVerfGE 89, 69 (83/84).

ren Bereich privater Lebensgestaltung näher stehen als die rein medizinischen Feststellungen[108], sprechen dafür, die Feststellungen des Notars zum psychisch-geistigen Zustand ebenfalls nahe dem unantastbaren privaten Lebensbereich einzuordnen. Dies ist bei der Prüfung der Verhältnismäßigkeit im engeren Sinn zu berücksichtigen.

II. Eingriff und Grundrechtsbindung des Notars

Prüft der Notar den psychisch-geistigen Zustand des Testierenden und legt seine Wahrnehmungen gem. § 28 BeurkG in der Urkunde nieder, stellt er Ermittlungen über den psychisch-geistigen Zustand an und erhebt damit persönliche Daten. Der Testierende offenbart dann nicht nur gegenüber dem Notar seinen psychisch-geistigen Zustand, sondern im Rahmen der Eröffnung des Testaments nach Eintritt des Erbfalls gegenüber den testamentarisch Bedachten, den gesetzlichen Erben und den sonstigen Beteiligten, § 348 FamFG. Beim Erbvertrag werden diese Wahrnehmungen unmittelbar dem Vertragspartner durch die nach § 13 Abs. 1 S. 1 BeurkG zu erfolgende Verlesung offenbart. Wird ein Erbschein beantragt oder kommt es zu einem Zivilprozess, erhält auch der Richter Einblick in die dokumentierten Feststellungen zum psychisch-geistigen Zustand des Erblassers. Durch die notarielle Pflicht zur Prüfung und Dokumentation der Wahrnehmungen über die erforderliche Geschäftsfähigkeit wird somit der psychisch-geistige Zustand des Beteiligten dem Notar und sonstigen Dritten zugänglich gemacht. Dies wirft die Frage nach der Geltung des Grundrechts auf informationelle Selbstbestimmung zwischen dem Notar und dem Testierenden, mithin der Grundrechtsbindung des Notars auf.

Der Notar ist Träger eines öffentlichen Amtes, § 1 BNotO. Als Privatperson werden dem Notar ein öffentliches Amt[109] und damit Machtbefugnisse übertragen, die nur der Staat ausüben kann. Der Notar ist damit als sog. Beliehener einzuordnen[110]. Diese sind unmittelbar an die Grundrechte gebunden[111]. Damit greift der Notar durch die Prüfung und Dokumentation des psychisch-geistigen Zustandes in den Schutzbereich des Grundrechts auf informationelle Selbstbestimmung ein.

---

108 BVerfGE 89, 69 (83).
109 *Bohrer*, Rn. 13.
110 *Jung*, S. 45.
111 v. Mangoldt/Klein/Starck/*Starck*, Art. 1 GG, Rn. 232; *Pieroth/Schlink*, § 5, Rn. 183.

III. Rechtfertigungsgrund Einwilligung

§ 13 Abs. 1 S. 1 BeurkG schreibt vor, dass die Niederschrift den Beteiligten vorgelesen, von ihnen genehmigt und unterschrieben werden muss. Es stellt sich daher die Frage, ob durch die Genehmigung der dokumentierten Feststellungen des Notars eine Grundrechtsbeeinträchtigung ausgeschlossen ist. Für das Grundrecht auf informationelle Selbstbestimmung ist insofern anerkannt, dass eine Einwilligung des Betroffenen eine Grundrechtsbeeinträchtigung ausschließt[112]. Im Falle einer wirksamen Einwilligung in die Offenbarung ist der Schutzbereich demnach nicht beeinträchtigt.

In zeitlicher Hinsicht erfolgt die Erhebung persönlicher Daten bereits, wenn der Notar beginnt, den psychisch-geistigen Zustand des Testierenden zu prüfen, was regelmäßig mit Beginn der Beurkundung erfolgen wird. Folglich müsste die Einwilligung des Testierenden, wenn sie den Grundrechtseingriff ausschließen soll, vor Beginn der Prüfung des geistig-psychischen Zustandes erteilt werden.

Problematisch ist, dass in den hier in Rede stehenden Fällen der Testierende im Zeitpunkt der Erteilung der Einwilligung geschäfts- und testierunfähig sein könnte. Es stellt sich daher die Frage, ob im Falle von Geschäfts- und Testierunfähigkeit keine wirksame Einwilligung erteilt werden kann. Damit ist die Rechtsnatur der Einwilligung angesprochen.

Die Einwilligung wird teilweise als Realakt, teilweise als rechtsgeschäftsähnliche Erklärung oder als rechtsgeschäftsähnliche Handlung eingeordnet[113]. Unabhängig von der Einordnung ist umstritten, ob für eine wirksame Einwilligung Geschäftsfähigkeit erforderlich oder ob die individuelle Einsichtsfähigkeit maßgeblich ist.

Für Eingriffe in persönlichkeitsrechtliche Güter wird überwiegend die Auffassung vertreten, dass die persönliche Einsichtsfähigkeit maßgeblich ist[114]. Dies setzt voraus, dass der Betroffene nach seiner geistigen und sittlichen Reife die Bedeutung und Tragweite des Eingriffs und seiner Gestattung ermessen kann[115]. Nach anderer Ansicht ist Geschäftsfähigkeit erforderlich[116].

---

112 BVerfGE 80, 367 (374); *Geiger*, NVwZ 1989, 35 (37); Jarass/Pieroth/*Jarass*, Art. 2 GG, Rn. 54.
113 Vgl. Übersicht bei Simitis/*Simitis*, § 4 a BDSG, Rn. 20.
114 MünchKomm/*Rixecker*, Anhang zu § 12 BGB, Rn. 49; Palandt/*Ellenberger*, Überblick vor § 104 BGB, Rn. 8; Simitis/*Simitis*, § 4a BDSG, Rn. 20/23 geht von einer rechtsgeschäftsähnlichen Handlung aus, lässt aber andererseits Einsichtsfähigkeit ausreichen.
115 So OLG Nürnberg FamRZ 2003, 944 (945) für die Preisgabe genetischer Daten eines beschränkt Geschäftsfähigen betreffend die Verwertbarkeit eines heimlich eingeholten Gutachtens zur Durchführung einer Vaterschaftsanfechtungsklage. Das BVerfG hat es in seiner Entscheidung zum heimlichen Vaterschaftstest offen gelassen, ob es die Einsichtsfähigkeit des Kindes

Nach der Gesetzesbegründung soll die Regelung gem. § 28 BeurkG sicherstellen, dass dann, wenn nach dem Tod des Erblassers Streit über dessen Testierfähigkeit entsteht, die Wahrnehmungen des Notars als Beweismittel zur Verfügung stehen[117]. Lässt man individuelle Einsichtsfähigkeit ausreichen, müsste der Testierende demzufolge nach seiner geistigen Reife, also verstandesmäßig in der Lage sein, die Beweissicherungsfunktion der vermerkten Tatsachen für einen späteren Prozess oder ein Erbscheinverfahren zu verstehen. Wenn aber in den hier in Rede stehenden Fällen im maßgeblichen Zeitpunkt des Beginns der Prüfung des psychisch-geistigen Zustandes in Frage steht, ob der Testierende verstandesmäßig in der Lage ist, sich über die Bedeutung und Tragweite seiner letztwilligen Anordnungen ein klares Urteil zu bilden, wird auch fraglich sein, ob der Testierende in der Lage ist, die Beweissicherungsfunktion der vermerkten Tatsachen für einen späteren Prozess oder ein Erbscheinverfahren zu verstehen. Aus diesem Grund scheidet eine generelle Rechtfertigung aufgrund einer Einwilligung aus.

IV. Verfassungsrechtliche Rechtfertigung

Das Grundrecht auf informationelle Selbstbestimmung steht unter dem Vorbehalt der verfassungsmäßigen Ordnung, worunter die Gesamtheit der Normen, die formell und materiell der Verfassung gemäß sind, zu verstehen ist[118]. Durch eine verfassungsmäßige Rechtsgrundlage können Beschränkungen vorgenommen werden, d.h. der Eingriff muss in einem hinreichend bestimmten Gesetz vorgesehen und im überwiegenden Interesse der Allgemeinheit geeignet, erforderlich und verhältnismäßig im engeren Sinn sein[119].

Die Regelung gem. § 28 BeurkG dient der Beweissicherung der Wahrnehmungen des Notars über den psychisch-geistigen Zustand des Erblassers zur Verwendung in einem späteren Erbscheinverfahren oder Rechtsstreit und somit der Rechtssicherheit. Zugleich wird durch die urkundliche Dokumentation dieser Wahrnehmungen der Erblasser selbst geschützt. Einerseits wird der selbstbe-

---

ausreichen lässt, BVerfGE 117, 202 (228), Einwilligung des Kindes bzw. der sorgeberechtigten Mutter.
116 MünchKomm/*Schmitt*, § 105 BGB, Rn. 21; OLG München NJW-RR 1990, 999 (1000) betreffend die Einwilligung eines Minderjährigen in die Preisgabe von Nacktbildern.
117 BT-Drucks. V/3282, S. 34.
118 BVerfGE 6, 32 (50); 63, 88 (108/109); 90, 145 (171/172); v. Mangoldt/Klein/Starck/*Starck*, Art. 2 GG, Rn. 25; Schmidt-Bleibtreu/Hofmann/Hopfauf/*Hofmann*, Art. 2 GG, Rn. 8.
119 BVerfGE 89, 69 (84); v. Mangoldt/Klein/Starck/*Starck*, Art. 2 GG, Rn. 31; Jarass/Pieroth/*Jarass*, Art. 2 GG, Rn. 60.

§ 5 Bedeutung des Grundrechts auf informationelle Selbstbestimmung 41

stimmungsfähige Erblasser davor geschützt, dass die Unwirksamkeit seiner letztwilligen Verfügungen wegen Geschäfts- und Testierunfähigkeit geltend gemacht wird, andererseits wird der nicht selbstbestimmungsfähige Erblasser, der aufgrund seiner Geschäfts- und Testierunfähigkeit nicht mehr in der Lage war, die Tragweite seines Handelns zu erkennen und abzusehen, so dass er die daraus resultierenden Rechtsfolgen nicht herbeiführen wollte bzw. gewollt haben kann[120], vor einer Geltung seines Testaments geschützt. Danach wird über den durch den Gesetzgeber genannten Zweck der Beweissicherung hinaus der Schutz des Erblassers bezweckt. Dies sind legitime Gemeinwohlziele.

Ein Gesetz ist zur Zweckerreichung geeignet, wenn mit seiner Hilfe der gewünschte Erfolg gefördert werden kann[121]. Ausgehend vom Zweck der Beweissicherung stellt sich somit die Frage der Beweiskraft der nach § 28 BeurkG urkundlich niedergelegten Feststellungen des Notars. Eine öffentliche Urkunde beweist – vorbehaltlich äußerer Mängel, § 419 ZPO, und ihrer Echtheit, § 437 ZPO – alle in ihr bezeugten Tatsachen, § 418 Abs. 1 ZPO, soweit diese auf der eigenen Wahrnehmung der Urkundsperson beruhen[122]. Die notarielle Urkunde ist eine öffentliche Urkunde im Sinne des § 415 Abs. 1 ZPO[123]. Demnach werden von der formellen Beweiskraft die festgestellten Wahrnehmungen im Sinne von Tatsachen zur Beurteilung der Geschäfts- und Testierfähigkeit erfasst. Die Richtigkeit der festgestellten Tatsachen ist gem. § 418 Abs. 1 ZPO bewiesen. Gem. § 418 Abs. 2 ZPO ist dann nur der Gegenbeweis der Unrichtigkeit zulässig. Somit ist die Dokumentation von Wahrnehmungen über die Geschäfts- und Testierfähigkeit des Erblassers als Urkundsbeweis zur Beweissicherung geeignet.

Das Mittel ist erforderlich, wenn nicht ein weniger einschneidendes Mittel zur Verfügung steht, mit dem das angestrebte Ziel erreicht werden kann[124]. Die vermerkten Tatsachen sind mittels der Urkunde in einem späteren Zivilprozess oder Erbscheinverfahren bewiesen. Auch im Erbscheinverfahren ist die formelle Beweiskraft nach § 418 Abs. 1 ZPO zu beachten[125]. Eine ebenso effektive Möglichkeit, diese Beweiskraft zu erreichen und damit Tatsachen zur Geschäfts- und

---

120 Vgl. *Hess*, ZEV 2006, 479 (482), der dies zur Begründung des Eingriffs in das postmortale Persönlichkeitsrecht durch ein Einsichtsrecht der Erben/Angehörigen in Krankenakten anführt.
121 BVerfGE 67, 157 (173/175); Schmidt-Bleibtreu/Hofmann/Hopfauf/*Müller-Franken*, Vorb. v. Art. 1 GG, Rn. 43.
122 BGH NJW 2004, 2386 (2387); Zöller/*Geimer*, § 418 ZPO, Rn. 3; MünchKommZPO/*Schreiber*, § 418 ZPO, Rn. 5.
123 Zöller/*Geimer*, Vor. § 415 ZPO, Rn. 4; MünchKommZPO/*Schreiber*, § 418 ZPO, Rn. 3.
124 Schmidt-Bleibtreu/Hofmann/Hopfauf/*Müller-Franken*, Vorb. v. Art. 1 GG, Rn. 43.
125 Schulte-Bunert/Weinreich/*Brinkmann*, § 30 FamFG, Rn. 80; Bumiller/Harders/*Bumiller*, § 30 FamFG, Rn. 28.

Testierfähigkeit zum Zwecke des Beweises für einen späteren Prozess oder ein Erbscheinverfahren zu sichern, steht dem Notar nicht zur Verfügung.

Die Verhältnismäßigkeit im engeren Sinn erfordert, dass die Schwere des Eingriffs nicht außer Verhältnis zu dem Gewicht der sie rechtfertigenden Gründe steht[126].

Bei der Prüfung der Verhältnismäßigkeit ist zu berücksichtigen, dass die Erhebungen des Notars über den psychisch-geistigen Zustand dem unantastbaren Lebensbereich nahe stehen. Dies hat zur Folge, dass ein Eingriff nur unter besonders strenger Wahrung des Verhältnismäßigkeitsgrundsatzes möglich ist[127].

Im Rahmen der vorzunehmenden Abwägung ist auf der einen Seite das Geheimhaltungsinteresse des Testierenden an der Dokumentation seines psychisch-geistigen Zustandes zu berücksichtigen. Denn der Kreis derjenigen, die von dem Inhalt des Testaments Kenntnis erlangen, ist nicht auf den Zweck der Verwendung als Beweismittel begrenzt[128].

Auf der anderen Seite steht das Interesse des Selbstbestimmungsunfähigen daran, dass ein von ihm nicht in freier Willensbestimmung errichtetes Testament rechtliche Wirksamkeit erlangt, und das Interesse des Selbstbestimmungsfähigen daran, dass das von ihm beurkundete Testament nicht wegen Testierunfähigkeit angegriffen wird, entgegen.

Für das Zurücktreten des Geheimhaltungsinteresses des nicht Selbstbestimmungsfähigen spricht, dass dieser ein Interesse daran hat, dass nur testamentarische Anordnungen zur Geltung gelangen, die er in freier Willensbestimmung und nicht fremdbestimmt getroffen hat. Andernfalls würden vermögensrechtliche Folgen ausgelöst, die er nicht gewollt hat. Für das Zurücktreten des Geheimhaltungsinteresses des Selbstbestimmungsfähigen spricht, dass dieser ein Interesse daran hat, dass seine testamentarischen Anordnungen zur Geltung gelangen und nach seinem Tode nicht deren Unwirksamkeit wegen Testierunfähigkeit geltend gemacht wird. Durch die beweismäßige Sicherung von Wahrnehmungen über den psychisch-geistigen Zustand des Testierenden im maßgeblichen Zeitpunkt der Testamentserrichtung liefert der Notar Tatsachen, die dem Richter und/oder Sachverständigen die Beurteilung, ob Testierunfähigkeit vorlag, erleichtern kann. Vor dem Hintergrund, dass der Notar nicht wie der Sachverständige eine systematische und umfassende psychiatrische Untersuchung mit dem Ziel der Diagnose eines psychopathologischen Befundes vornimmt, wiegt das Geheim-

---

126 BVerfGE 90, 145 (175).
127 Vgl. BVerfGE 27, 344 (350) und 34, 238 (245) und allgemein Sachs/*Murswiek*, Art. 2 GG, Rn. 105 zur sog. Sphärentheorie.
128 Vgl. zum Kriterium der Begrenzung des Personenkreises BVerwGE 33, 120 (121/122).

§ 5 Bedeutung des Grundrechts auf informationelle Selbstbestimmung   43

haltungsinteresse des Testierenden an seinem psychisch-geistigen Zustand gering und tritt daher zurück.
Die Verhältnismäßigkeit im engeren Sinn ist somit zu bejahen.

V. Zur Zulässigkeit einer heimlichen Prüfung

Es erscheint bedenklich, wenn empfohlen wird, ausnahmsweise zur Vermeidung ihres Verlesens die Feststellungen über die erforderliche Geschäftsfähigkeit außerhalb der Urkunde in einer Tatsachenbescheinigung festzuhalten, und dies mit dem Persönlichkeitsschutz begründet wird[129]. Nach dieser Ansicht könne es im Ausnahmefall aus Gründen des Persönlichkeitsschutzes des Testators geboten sein, die Feststellungen außerhalb der Niederschrift zu treffen, wenn dadurch die Beweisfunktion des § 28 BeurkG nicht erschwert werde. Damit werde vermieden, dass die getroffenen Feststellungen über den psychisch-geistigen Zustand dem Beteiligten nach § 13 Abs. 1 S. 1 BeurkG verlesen werden müssen, da dann dem Beteiligten sein psychisch-geistiger Zustand deutlich vor Augen geführt werde und im Falle des § 11 Abs. 1 S. 2 BeurkG Zweifel in ihm genährt würden, ob seine letztwilligen Verfügungen auch die von ihm erstrebte Wirksamkeit erlangten. Ferner könne der Notar es auch als unsensibel empfinden, derartige Feststellungen vorzulesen[130]. Zum Zwecke der Beweissicherung sei die Tatsachenbescheinigung mit in die Verwahrung zu geben[131].

Zutreffend ist, dass der Notar gem. §§ 36, 37 BeurkG Tatsachen in einer gesonderten Tatsachenbescheinigung vermerken kann, die aber im Unterschied zur Beurkundung von Willenserklärungen nicht vor den Beteiligten verlesen, von ihnen genehmigt und unterschrieben werden muss[132]. Wenn wegen des Beweiszweckes gefordert wird, dass die Tatsachenbescheinigung mit in die Verwahrung gegeben werden muss, ist die Möglichkeit einer „Veröffentlichung" gegenüber einer Vielzahl unbestimmter Personen (Nachlassrichter, Erben) gegeben, ohne dass der Betroffene Kenntnis von den Wahrnehmungen des Notars erhält und

---

129 So aber die überwiegende Literatur: *Haegele*, RPfleger 1969, 415 (415); *Höfer*, JurA 1970, 740 (750); Kersten/Bühling/*Wegmann*, § 100, Rn. 7; Armbrüster/Preuss/Renner/*Renner*, § 11 BeurkG, Rn. 25; Keidel/*Winkler*, § 11 BeurkG, Rn. 15; *Kanzleiter*, DNotZ 1993, 434 (441); *Lichtenwimmer*, MittBayNot 2002, 240 (244); andere Ansicht: *Zimmermann*, BWNotZ 2000, 97 (100); *Nieder*, Rn. 343; in der Rechtsprechung geht BayObLG DNotZ 1993, 471 (473) „grundsätzlich" von einer Aufnahmepflicht in die Niederschrift aus.
130 *Haegele*, Rpfleger 1969, 415 (415); *Kanzleiter*, DNotZ 1993, 434 (439/440); Armbrüster/ Preuss/Renner/*Renner*, § 11 BeurkG, Rn. 25; Keidel/*Winkler*, § 11 BeurkG, Rn. 15.
131 *Lichtenwimmer*, MittBayNot 2002, 240 (244).
132 Armbrüster/Preuss/Renner/*Preuß*, § 36 BeurkG, Rn. 2; Keidel/*Winkler*, § 37 BeurkG, Rn. 9; Eylmann/Vaasen/*Limmer*, § 37 BeurkG, Rn. 1.

über ihre Verwendung bestimmen kann. Nicht zuletzt wird somit die Möglichkeit eröffnet, dass der Notar die Prüfung und Dokumentation vollständig ohne Kenntnis des Betroffenen durchführt. Dadurch wird in das Grundrecht auf informationelle Selbstbestimmung eingegriffen, so dass sich die Frage der Rechtsgrundlage, die diesen Eingriff verfassungsrechtlich legitimieren kann, stellt.

§ 28 BeurkG legt für Verfügungen von Todes wegen fest, dass die Wahrnehmungen über die Geschäfts- und Testierfähigkeit in die Niederschrift selbst aufgenommen werden sollen mit der Folge, dass sie gem. § 13 Abs. 1 S. 1 BeurkG den Beteiligten vorgelesen und von ihnen genehmigt werden müssen. Es fehlt somit an einer gesetzlichen Grundlage, die für Verfügungen von Todes wegen eine Dokumentation der Wahrnehmungen über die erforderliche Geschäftsfähigkeit in einer gesonderten Tatsachenbescheinigung – mit der Folge, dass sie nicht verlesen und genehmigt werden brauchen – vorsieht und damit eine heimliche Prüfung verfassungsrechtlich legitimieren könnte.

§ 6 Beurkundungsverfahren

I. Prüfung und Feststellung der Geschäfts- und Testierfähigkeit

1. Vorgaben des § 28 BeurkG

Die Annahme der Literatur, § 28 BeurkG verpflichte den Notar, bei Verfügungen von Todes wegen stets die Geschäfts- und Testierfähigkeit zu prüfen und diese, also das Ergebnis der Prüfung, in der Niederschrift zu vermerken, rührt aus der Entstehungsgeschichte des § 28 BeurkG her. § 2241a Abs. 3 S. 1 BGB alte Fassung[133] lautete: „Der Richter oder Notar soll sich davon überzeugen, dass der Erblasser testierfähig ist".

§ 2241a Abs. 3 S. 2 BGB alte Fassung lautete: „Er soll seine Wahrnehmungen über die Testierfähigkeit in der Niederschrift angeben". Diese Vorschrift wurde wortgleich in das Testamentsgesetz vom 31.7.1938 übernommen, § 14 Abs. 3 TestG[134].

Mit Wiedereinfügung der Vorschriften des Testamentsgesetzes in das Bürgerliche Gesetzbuch durch das GesEinhG vom 1.4.1953[135] wurde die Vorschrift inhaltsgleich in das Bürgerliche Gesetzbuch übernommen, § 2241a Abs. 3 S. 1

---

133 In der Fassung bis zum Inkrafttreten des Testamentsgesetz am 4.8.1938.
134 Amtliche Begründung zum TestG, DJZ 1938, 1254 (1256).
135 BGBl. I, S. 36.

§ 6 Beurkundungsverfahren

BGB[136]. Diese Vorschrift wiederum wurde in die Bundesnotarordnung (BNotO) vom 24.2.1961 übernommen, § 28 Abs. 1 BNotO[137]. Eine besondere Regelung für Verfügungen von Todes wegen existierte nicht. Mit Einführung des BeurkG am 1.1.1970 verschwand der Satz 1 der jeweiligen Vorschrift aus dem Gesetz. § 2241a Abs. 3 BGB und § 28 BNotO wurden durch das BeurkG aufgehoben, § 57 Abs. 3 Nr. 8 BeurkG. Nur der Satz 2 der Vorschriften wurde in § 28 BeurkG übernommen[138].

Damit ist eine wesentliche Änderung der Vorschrift eingetreten, denn abweichend von § 28 Abs. 1 S. 1 BNotO verpflichtet § 28 BeurkG den Notar dem Wortlaut nach nicht, sich vor der Beurkundung von der Geschäftsfähigkeit der Beteiligten zu überzeugen, sondern lediglich seine Wahrnehmung*en über* die erforderliche Geschäftsfähigkeit zu vermerken. Vermerkt der Notar die Testierfähigkeit, vermerkt er nur das Ergebnis seiner Wahrnehmungen, nicht aber die Wahrnehmungen selbst[139].

Dass die Pflicht zur Dokumentation von Wahrnehmungen über die erforderliche Geschäftsfähigkeit nicht voraussetzt, dass sich der Notar von der Geschäfts- und Testierfähigkeit überzeugt und dies in der Urkunde feststellt, könnte zudem aus dem Zweck des § 28 BeurkG, der Sicherung von Beweismitteln, wenn nach dem Tod des Erblassers über dessen Testierfähigkeit Streit entsteht, folgen. Unstreitig wird von der Beweiskraft gem. § 418 ZPO die aus den tatsächlichen Wahrnehmungen zur Geschäfts- und Testierfähigkeit getroffene Schlussfolgerung, der Beteiligte ist geschäfts- und testierfähig, nicht erfasst[140]. Nach der Rechtsprechung könne jedoch in der urkundlichen Feststellung, „der Notar ist aufgrund der Verhandlung mit dem Erblasser von dessen Testierfähigkeit überzeugt, ein Indiz bezüglich der Testierfähigkeit liegen. „Eine solche Feststellung des Urkundsnotars ist jedoch nicht geeignet, schon gar nicht ohne eine Beweiserhebung über ihr Zustandekommen, aufgrund konkreter Umstände begründete Zweifel an der Testierfähigkeit zu entkräften"[141]. Wenn es sich bei der positiven Feststellung der Geschäfts- und Testierfähigkeit um ein Indiz handelt, könnte dies im Rahmen der freien Beweiswürdigung gem. § 286 Abs. 1 ZPO

---

136 Staudinger/*Firsching*, 12. Auflage 1983, §§ 9,10 BeurkG, Rn. 1.
137 BGBl. I 1961, S. 103.
138 *Appell*, FamRZ 1970, 520 (525).
139 Reimann/Bengel/Mayer/*Bengel*, § 28 BeurkG, Rn. 6; *Höfer*, JurA 1970, 749 (749).
140 OGHZ 2, 45 (54); BayObLG DNotZ 1975, 555 (555); MünchKommZPO/*Schreiber*, § 418 ZPO, Rn. 7; Zöller/*Geimer*, § 418 ZPO, Rn. 3; Baumbach/Lauterbach/Albers/Hartmann/ *Hartmann*, § 418 ZPO, Rn. 6; MünchKomm/*Hagena*, § 28 BeurkG, Rn. 8; Soergel/*Mayer*, § 28 BeurkG, Rn. 4; *Lichtenwimmer*, MittBayNot 2002, 240 (242); Nieder/Kössinger/*Kössinger*, § 7, Rn. 25.
141 BayObLG FamRZ 2005, 658 (660); OLG Hamm FGPrax 1997, 68 (69).

Bedeutung erlangen und der Zweck des § 28 BeurkG wäre somit erfüllt. Unter Indizien versteht man Tatsachen, die für sich allein oder in ihrer Gesamtheit den Rückschluss auf das Vorliegen der Haupttatsache zulassen[142]. Danach ist auch ein Indiz eine Tatsache. Bei Tatsachen handelt es sich um Vorgänge, die als solche einer Überprüfung mit den Mitteln des Beweises zugänglich sind[143]. Die Feststellung, der Notar ist aufgrund der Verhandlung von der Testierfähigkeit überzeugt, ist die Schlussfolgerung des Notars, die dieser aus seinen tatsächlichen Wahrnehmungen gezogen hat. Sie kann somit als solche nicht überprüft werden, ist damit keine Tatsache und mithin kein Indiz. Demzufolge wird der Zweck des § 28 BeurkG durch diese Feststellung nicht erfüllt. Danach verlangt § 28 BeurkG nicht, dass der Notar die Schlussfolgerung „geschäfts- und testierfähig" zieht.

Nach § 28 BeurkG ist der Notar somit nicht verpflichtet, sich von der Geschäfts- und Testierfähigkeit zu überzeugen und diese zu vermerken, sondern seine Wahrnehmungen *über* die Geschäfts- und Testierfähigkeit urkundlich zu dokumentieren.

2. Verfassungsrechtliche Vorgaben

Mit Blick auf das Grundrecht auf informationelle Selbstbestimmung stellt sich die Frage, ob der Notar überhaupt *berechtigt* ist, die Geschäfts- und Testierfähigkeit positiv festzustellen.

Stellt der Notar fest, „der Beteiligte ist nach Überzeugung des Notars geschäfts- und testierfähig", setzt dies voraus, dass der Notar den psychisch-geistigen Zustand des Beteiligten auf das Fehlen einer psychischen Erkrankung geprüft hat. Damit ist der Schutzbereich des Grundrechts auf informationelle Selbstbestimmung betroffen[144].

Seit Einführung des BeurkG legt § 28 BeurkG für Verfügungen von Todes wegen fest, dass der Notar lediglich seine Wahrnehmungen über die Geschäfts- und Testierfähigkeit vermerken soll. Die Regelung, dass sich der Notar von der Testierfähigkeit des Erblassers überzeugen soll, wurde nicht übernommen. Es fehlt somit an einer gesetzlichen Grundlage, die den Eingriff in das informationelle Selbstbestimmungsrecht legitimieren könnte.

---

142 Baumbach/Lauterbach/Albers/Hartmann/*Hartmann*, Einf. § 284 ZPO, Rn. 16; Zöller/*Greger*, § 286 ZPO, Rn. 9a.
143 Baumbach/Lauterbach/Albers/Hartmann/*Hartmann*, Einf. § 284 ZPO, Rn. 17; Zöller/*Greger*, Vor. § 284 ZPO, Rn. 10.
144 Vgl. *Kanzleiter*, DNotZ 1993, 434 (438).

§ 6 Beurkundungsverfahren 47

3. Regel-Ausnahme-Verhältnis

Die fehlende Berechtigung, die Geschäft- und Testierfähigkeit positiv festzustellen, ergibt sich zudem aus dem Regel-Ausnahme-Verhältnis. Danach geht das Gesetz davon aus, dass jede mündige Person geschäfts- und testierfähig ist[145]. Dementsprechend muss auch der Notar bei der Beurkundung eines Erbvertrages oder Testaments davon ausgehen, dass der volljährige Beteiligte geschäftsfähig und der testiermündige Beteiligte testierfähig ist[146]. An diesem Regel-Ausnahme-Verhältnis ändern die Bestimmungen des Beurkundungsgesetzes über den Vermerk der erforderlichen Geschäftsfähigkeit nichts[147]. Aus dem Regel-Ausnahme-Verhältnis ergibt sich somit ebenfalls, dass der Notar die Geschäfts- und Testierfähigkeit nicht ohne weiteres prüfen und vermerken darf.

II. Inhalt der nach § 28 BeurkG zu vermerkenden Wahrnehmungen über die erforderliche Geschäftsfähigkeit

Welchen Inhalt die nach § 28 BeurkG zu vermerkenden Wahrnehmungen haben sollen, ist aus dem Zweck der Vorschrift, der Beweissicherung, herzuleiten.

Ausgehend vom Zweck der Beweissicherung verpflichtet § 28 BeurkG den Notar, Tatsachen zu vermerken, die in einem späteren Zivilprozess oder Erbscheinverfahren für die Beurteilung, ob der Beteiligte geschäfts- und testierunfähig war, von Bedeutung sind[148]. Dies sind demnach Tatsachen, die Aufschluss über den psychisch-geistigen Zustand und dessen Auswirkung auf die Einsichts- und Handlungsfähigkeit geben.

Ausgehend vom Wortlaut und dem Zweck der Beweissicherung hat der Notar sowohl positive als auch negative Wahrnehmungen zu vermerken. Zu den positiven Wahrnehmungen gehört die Feststellung, dass keine Anhaltspunkte für Geschäfts- und Testierunfähigkeit vorlagen, oder bei Zweifeln an der Geschäfts-

---

145 S.o. 2. Teil, § 5 I.
146 Das soll nach einhelliger Meinung in Rechtsprechung und Literatur für die Testierfähigkeit nicht gelten, OLG Celle MittBayNot 2008, 492 (493); Staudinger/*Hertel*, Vorbem. zu §§ 127a, 128 BGB (BeurkG), Rn. 576; Soergel/*Mayer*, § 28 BeurkG, Rn. 2; MünchKomm/*Hagena*, § 28 BeurkG, Rn. 8; Keidel/*Winkler*, § 28 BeurkG, Rn. 1; Armbrüster/Preuss/Renner/*Armbrüster*, § 28 BeurkG, Rn. 8; Kersten/Bühling/*Wegmann*, § 100, Rn. 7; Reimann/Bengel/Mayer/*Bengel*, § 28 BeurkG, Rn. 6; Nieder/Kössinger/*Kössinger*, § 7, Rn. 25; *Jansen*, § 28 BeurkG, Rn. 4.
147 Vgl. Reimann/Bengel/Mayer/*Limmer*, § 11 BeurkG, Rn. 1, der darauf hinweist, dass das BeurkG an die Regelung der Geschäfts- und Testierfähigkeit in den §§ 104 ff., 2229 BGB anknüpft.
148 *von Dassel*, Das Recht 1917, 329 (329); *Müller*, DNotZ 2006, 325 (326); Nieder/Kössinger/ *Kössinger*, § 7, Rn. 25.

und Testierfähigkeit diejenigen Wahrnehmungen, die gegen das Vorliegen von Geschäfts- und Testierunfähigkeit sprechen, z.b. dass der Testierende örtlich und zeitlich orientiert war. Zu den negativen Wahrnehmungen gehören solche, die für eine bestehende Geschäfts- und Testierunfähigkeit sprechen.

Zwar könnte ein Umkehrschluss aus § 11 Abs. 1 S. 2 BeurkG, wonach der Notar im Falle von Zweifeln an der erforderlichen Geschäftsfähigkeit dies in der Urkunde vermerken soll, dafür sprechen, dass der Vermerk von negativen Wahrnehmungen bereits von § 11 Abs. 1 S. 2 BeurkG erfasst ist und der Notar nach § 28 BeurkG nur zum Vermerk positiver Wahrnehmungen zur Geschäfts- und Testierfähigkeit verpflichtet ist. Allerdings ist § 11 Abs. 1 S. 2 BeurkG im Zusammenhang mit § 17 Abs. 2 S. 2 BeurkG zu sehen, wonach der Notar, wenn er an der Wirksamkeit des Rechtsgeschäfts zweifelt, die Beteiligten aber auf die Durchführung der Beurkundung bestehen, die Belehrung und die dazu abgebenen Erklärungen der Beteiligten in der Urkunde dokumentieren soll.

§ 17 Abs. 2 S. 2 BeurkG verpflichtet den Notar somit, ein Selbstzeugnis abzulegen. Mit diesem Selbstzeugnis dokumentiert der Notar, dass er die Beteiligten belehrt hat. Damit vermeidet der Notar eine Beweislastumkehr in einem späteren Amtshaftungsprozess[149]. Auch dieses Selbstzeugnis verfolgt somit Beweiszwecke. Während die nach § 28 BeurkG dokumentierten Tatsachen als Beweismittel in einem späteren Rechtsstreit oder Erbscheinverfahren den Parteien bzw. den Beteiligten zur Verfügung stehen sollen, besteht der Beweissicherungszweck der §§ 11 Abs. 1 S. 2, 17 Abs. 2 S. 2 BeurkG allerdings ausschließlich im Interesse des Notars im Hinblick auf einen späteren Amtshaftungsprozess. Die nur für Verfügungen von Todes wegen geltende Sonderschrift des § 28 BeurkG verfolgt somit gegenüber den §§ 11 Abs. 1 S. 2, 17 Abs. 2 S. 2 BeurkG einen eigenständigen Zweck. Entscheidend ist die § 28 BeurkG zugrunde liegende Annahme des Gesetzgebers, dass es bei Verfügungen von Todes wegen besonders häufig zu Rechtsstreitigkeiten über die Geschäfts- und Testierfähigkeit des Beteiligten kommt[150]. Dienen die nach § 28 BeurkG zu vermerkenden Tatsachen allein der Beweissicherung für einen späteren Prozess oder für ein Erbscheinverfahren, dann bedarf es erst Recht immer auch der Beweissicherung negativer Tatsachen. Danach verpflichtet § 28 BeurkG den Notar, bei Verfügungen von Todes wegen positive wie auch negative Tatsachen zur Beurteilung der Testierunfähigkeit des Beteiligten urkundlich zu vermerken.

Bestehen keine Bedenken seitens des Notars an der Geschäfts- und Testierfähigkeit, hat er ebenfalls nach § 28 BeurkG zu verfahren und seine Wahrnehmun-

---

149 Vgl. RG DNotZ 1935, 575 (575); BGH DNotZ 1974, 296 (301); Haug/Zimmermann/*Bresgen*, Rn. 931.
150 BT-Drucks. V/3282, S. 34.

§ 6 Beurkundungsverfahren

gen, in diesem Fall, dass keine konkreten Anhaltspunkte für eine bestehende Geschäfts- und Testierunfähigkeit bestanden haben, zu vermerken.

III. Umfang der Prüfung der Geschäfts- und Testierfähigkeit bei Verfügungen von Todes wegen und sonstigen Willenserklärungen

Abweichend von § 28 Abs. 1 S. 1 BNotO alte Fassung – eine für alle Willenserklärungen geltende Vorschrift – wird dem Notar nicht mehr zur Pflicht gemacht, sich vor der Beurkundung in jedem Fall von der Geschäftsfähigkeit der Beteiligten zu überzeugen[151]. Nach einhelliger Meinung wird dieser Änderung durch das BeurkG mit der Einführung des für alle Willenserklärungen geltenden § 11 Abs. 1 BeurkG und der Sonderregelung in § 28 BeurkG für Verfügungen von Todes wegen ein Unterschied hinsichtlich des Prüfungsumfangs bei Verfügungen von Todes wegen und sonstigen Willenserklärungen entnommen. Bei sonstigen Willenserklärungen brauche der Notar keine weiteren Nachforschungen anstellen, wenn nicht konkrete Anhaltspunkte für eine nicht vorhandene Geschäftsfähigkeit vorhanden seien. Demgegenüber habe der Notar aufgrund der Sondervorschrift des § 28 BeurkG bei Verfügungen von Todes wegen immer zu prüfen, ob die Beteiligten geschäftsfähig seien[152]. § 11 BeurkG[153] begründe für den Notar eine sog. „tatsächliche" Vermutung, dass ein Volljähriger auch voll geschäftsfähig sei[154].

Dem ist nicht zu folgen. Die §§ 11 Abs. 1 S. 2, 28 BeurkG beschränken sich auf die Regelung von Dokumentationspflichten, § 11 Abs. 1 S. 1 BeurkG enthält eine Ablehnungspflicht. Die Prüfungspflichten des Notars regelt § 17 BeurkG[155]. Der als Generalklausel ausgestaltete § 17 BeurkG soll gewährleisten, dass der

---

151 Diese Vorschrift galt für alle Rechtsgeschäfte; beurkundungsrechtliche Vorschriften über Verfügungen von Todes wegen befanden sich im BGB und wurden durch das BeurkG ausgegliedert: *Apell*, FamRZ 1970, 520 (521).
152 OLG Frankfurt DNotZ 1978, 505 (506); Staudinger/*Hertel*, Vorbem. zu §§ 127a, 128 BGB (BeurkG), Rn. 576; Soergel/*Mayer*, § 28 BeurkG, Rn. 2; MünchKomm/*Hagena*, § 28 BeurkG, Rn. 8; Keidel/*Winkler*, § 28 BeurkG, Rn.1; *Lerch*, § 28 BeurkG, Rn. 1; Armbrüster/Preuss/Renner/*Armbrüster*, § 28 BeurkG, Rn. 8; Kersten/Bühling/*Wegmann*, § 100, Rn. 7; Reimann/Bengel/Mayer/*Bengel*, § 28 BeurkG, Rn. 6; *Nieder*, § 7, Rn. 25; *Jansen*, § 28 BeurkG, Rn. 4; Eylmann/Vaasen/*Limmer*, § 11 BeurkG, Rn. 2; Nieder/Kössinger/*Kössinger*, § 7, Rn. 25.
153 Gemeint ist wohl die Änderung durch das BeurkG und die Sondervorschrift § 28 BeurkG.
154 BayObLGZ 1992, 220 (222); Armbrüster/Preuss/Renner/*Renner*, § 11 BeurkG, Rn. 12; Keidel/*Winkler*, § 11 BeurkG, Rn. 3; Soergel/*Mayer*, § 11 BeurkG, Rn. 2; Reimann/Bengel/Mayer/*Limmer*, § 11 BeurkG, Rn. 9; *Zimmermann*, BWNotZ 2000, 97 (100).
155 Keidel/*Winkler*, § 11 BeurkG, Rn. 1.

Notar eine rechtswirksame Urkunde über den wahren Willen der Beteiligten errichtet[156]. Aus diesem Grund soll der Notar den Sachverhalt klären, § 17 Abs. 1 S. 1 BeurkG. Er muss dafür alle Bedingungen aufklären, die für die Wirksamkeit des Rechtsgeschäfts erforderlich sind[157]. Dazu gehört die Geschäfts- und Testierunfähigkeit. Das Beurkundungsgesetz ist Verfahrensrecht. Es knüpft an das materielle Recht, also das in den §§ 104 Nr. 2, 2229 Abs. 4 BGB niedergelegte Regel-Ausnahme-Verhältnis an. Das Regel-Ausnahme-Verhältnis gilt aber gleichermaßen für die Geschäfts- wie die Testierfähigkeit.

Bezugspunkt einer Prüfung ist also die Geschäftsunfähigkeit gem. § 104 Nr. 2 BGB bzw. die Testierunfähigkeit gem. § 2229 Abs. 4 BGB.

Aufgrund des dargestellten Regel-Ausnahme-Verhältnisses muss der Notar davon ausgehen, dass die mündigen Beteiligten geschäfts- und testierfähig sind. Würde der Notar in jedem konkreten Fall die geistige Verfassung der Beteiligten prüfen, würde er die Geschäfts- und Testierfähigkeit bei jeder Person von vornherein in Frage stellen, was das Regel-Ausnahme-Verhältnis umkehren würde. Unterschiede im Prüfungsumfang bestehen danach nicht. Daher überzeugen die Ausführungen des OLG Celle[158] nicht. Danach enthalte § 11 Abs. 2 BeurkG eine ausdrückliche Einschränkung des Grundsatzes, dass der Notar von der Geschäftsfähigkeit volljähriger Personen ausgehen könne. „Bei schwerer Erkrankung, wozu nicht nur körperliche, sondern gerade auch psychische Erkrankungen zählen, sei der Notar in besonderem Umfang verpflichtet, die Geschäftsfähigkeit des Beteiligten zu prüfen. Dieser Verpflichtung zur Feststellung der Geschäftsfähigkeit von schwer kranken Personen könne der Notar auch nicht dadurch entgehen, dass er es bereits an hinreichenden Ermittlungen dazu fehlen lasse, ob ein Beteiligter überhaupt schwer krank sei oder nicht. Der Notar müsse deshalb zunächst durch geeignete Befragungen und Erörterungen ermitteln, ob eine Person schwer krank im Sinne von § 11 Abs. 2 BeurkG sei, was gerade bei psychischen Erkrankungen nicht ohne weiteres erkennbar sei. Insofern sei in der Regel ein längeres Gespräch erforderlich". In der dann folgenden Subsumtion wird die Amtspflichtverletzung allerdings nicht darauf gestützt, dass der Notar keine Nachforschungen zu eventuellen psychischen Erkrankungen vorgenommen hat, sondern darauf, dass der Notar keine ausführliche Sacherörterung nach § 17 BeurkG vorgenommen habe, im Rahmen dessen ihm hätte auffallen müssen, dass die Beteiligte nicht in der Lage gewesen sei, Angaben zu ihrem verstorbenen Ehemann und ihren finanziellen Verhältnissen zu machen. Weiter habe der

---

156 BGH DNotZ 1989, 43 (43); Soergel/*Mayer*, § 17 BeurkG, Rn. 1; *Lerch*, § 17 BeurkG, Rn. 1; Armbrüster/Preuss/Renner/*Armbrüster*, § 17 BeurkG, Rn. 15.
157 Allg.M. vgl. nur OLG Frankfurt DNotZ 1978, 505 (506); Eylmann/Vaasen/*Frenz*, § 17 BeurkG, Rn. 9.
158 MittBayNot 2008, 492 (493/494).

§ 6 Beurkundungsverfahren   51

Notar Anlass zu besonderen Nachforschungen hinsichtlich der Testierfähigkeit gehabt, weil die Beteiligte eine externe Pflegekraft als Erbin eingesetzt habe.
Dies wirft dann die Frage auf, welche Berechtigung daneben die „tatsächliche Vermutung", dass ein Volljähriger auch geschäftsfähig sei, hat. Der Begriff der „tatsächlichen Vermutung" ist ein Begriff des Prozessrechts. Dort soll er die Beweisführung erleichtern oder die Beweislast modifizieren, Adressat ist der Richter[159]. Eine Beweisaufnahme findet im Beurkundungsverfahren nicht statt. Im Sinne einer Modifizierung der Beweislast kann die „tatsächliche Vermutung" im Beurkundungsverfahren daher keine Bedeutung haben. Die „tatsächliche Vermutung" kann hier nur so gemeint sein, dass sie die Pflicht des Notars aus § 11 Abs. 1 S. 1 BeurkG dahingehend konkretisiert, dass der Notar „tatsächlich" vermuten darf, dass der volljährige Beteiligte geschäftsfähig ist. Dies ergibt sich jedoch nicht aus § 11 BeurkG, sondern aus dem im materiellen Recht niedergelegten Regel-Ausnahme-Verhältnis und gilt auch für die Testierfähigkeit. Eine „tatsächliche" Vermutung für das Vorliegen von Geschäftsfähigkeit begründet § 11 BeurkG daher nicht.
Danach vollzieht sich die Prüfung, besser die Aufklärung der Geschäfts- und Testierunfähigkeit wie folgt:
Der Notar hat die Unwirksamkeit der Verfügung von Todes wegen aufgrund von Geschäfts- und Testierunfähigkeit der Beteiligten immer in seine Überlegung zur Wirksamkeit der Verfügung von Todes wegen einzubeziehen. Entweder ergeben sich für den Notar während des Beurkundungsverfahrens keine Bedenken, dass die Geschäfts- und Testierfähigkeit fehlen könnte, oder es ergeben sich Anhaltspunkte, die auf eine nicht vorhandene Geschäfts- und Testierfähigkeit hinweisen. Aus dem Regel-Ausnahme-Verhältnis folgt zugleich, dass der Notar nicht etwa nach Anhaltspunkten suchen muss, sondern dass sich ihm diese vielmehr aufdrängen müssen[160].
Drängen sich dem Notar keine Anhaltspunkte auf, hat er die Geschäfts- bzw. Testierunfähigkeit als für die materiell-rechtliche Wirksamkeit des Testaments relevante Bedingung aufgeklärt. Die von § 17 BeurkG geforderte Aufklärung ist beendet. Seine (positive) Wahrnehmung, nämlich, dass keine Anhaltspunkte für eine fehlende Geschäfts- und Testierfähigkeit vorlagen, hat er gem. § 28 BeurkG zu vermerken.
Liegen dagegen Anhaltspunkte für eine fehlende Geschäfts- und Testierfähigkeit vor, folgt aus dem Zweck des § 17 BeurkG, dass der Notar dies weiter aufklären muss. Hat er danach Zweifel, ob der Wirksamkeit des Testaments die Geschäfts- und Testierunfähigkeit entgegensteht, soll er dies zunächst mit den Be-

---

159 MünchKommZPO/*Prütting*, § 292 ZPO, Rn. 28; Zöller/*Greger*, Vor § 284 ZPO, Rn. 33.
160 So im Ergebnis auch OLG Celle MittBayNot 2008, 492 (494/495).

teiligten erörtern, § 17 Abs. 2 S. 1 BeurkG. Entweder werden dadurch die Zweifel ausgeräumt oder sie verdichten sich zu der Überzeugung, dass die erforderliche Geschäfts- und Testierfähigkeit fehlt. Dann muss der Notar die Beurkundung ablehnen, § 11 Abs. 1 S. 1 BeurkG. Die dritte Möglichkeit ist, dass der Notar lediglich zweifelt. Bestehen die Beteiligten im letzteren Fall auf die Durchführung der Beurkundung, bleibt der Notar zur Beurkundung verpflichtet, vgl. § 17 Abs. 2 S. 2 BeurkG.

IV. Zusammenfassung

1. Der Notar ist weder verpflichtet noch berechtigt, die Geschäfts- und Testierfähigkeit bei der Beurkundung von Verfügungen von Todes wegen positiv zu prüfen und das Ergebnis, „der Beteiligte ist geschäfts- und testierfähig", in der Urkunde zu vermerken. § 28 BeurkG verpflichtet den Notar, *seine Wahrnehmungen über* die Geschäfts- und Testierfähigkeit in der Urkunde zu vermerken.
2. Inhaltlich muss es sich um positive und/oder negative Wahrnehmungen handeln, die Aufschluss über den psychisch-geistigen Zustand des Beteiligten und dessen Auswirkung auf die Einsichts- und Handlungsfähigkeit geben. Liegen keine Anhaltspunkte für eine fehlende Geschäfts- oder Testierfähigkeit vor, hat der Notar nur dies zu vermerken.
3. Es besteht kein Unterschied zwischen Verfügungen von Todes wegen und sonstigen Willenserklärungen hinsichtlich des Bestehens und des Umfangs der Aufklärungspflicht der Geschäfts- und Testierunfähigkeit. Die Aufklärungspflicht folgt aus § 17 Abs. 1 S. 1 BeurkG. Der Notar darf nicht stets die geistige Verfassung des Beteiligten prüfen. Dazu ist er nur verpflichtet, wenn sich Anhaltspunkte für eine fehlende Geschäfts- oder Testierfähigkeit aufdrängen. Diese Einschränkung des Umfangs der Aufklärungspflicht gilt für Verfügungen von Todes wegen und sonstige Willenserklärungen gleichermaßen.

3. Teil: Bedeutung der Feststellungen des Notars im gerichtlichen Verfahren

§ 7 Zivilprozess

I. Klage auf Feststellung der Testierfähigkeit oder Testierunfähigkeit

1. Zu Lebzeiten des Erblassers

Eine Feststellungsklage der Erbanwärter oder sonstiger Dritter gegen den noch lebenden Erblasser mit dem Antrag, festzustellen, dass der Erblasser im Zeitpunkt der Testamentserrichtung testierunfähig oder testierfähig (wenn diese angezweifelt wird) war, ist unzulässig. Es fehlt an einem feststellungsfähigen Rechtsverhältnis gem. § 256 Abs. 1 ZPO. Die Frage der Testierfähigkeit ist kein Rechtsverhältnis, sondern eine Vorfrage, die erst für die künftige Entstehung des Rechtsverhältnisses (Erbrecht) Bedeutung hat[161].

2. Nach Eintritt des Erbfalls

Mangels feststellungsfähigem Rechtsverhältnis ist auch nach Eintritt des Erbfalls sowohl eine Feststellungsklage der Erbprätendenten, die im Falle der Unwirksamkeit der Verfügung von Todes wegen in die Erbfolge eintreten, gegen die testamentarischen Erben mit dem Antrag, festzustellen, dass der Erblasser im Zeitpunkt der Testamentserrichtung testierunfähig war, als auch eine Feststellungsklage mit dem Ziel, die Testierfähigkeit feststellen zu lassen, unzulässig.

---

161 OLGR Frankfurt 1997, 116 (117); *Becker/Klinger*, NJW Spezial 2006, 493 (493); Soergel/*Mayer*, § 2229 BGB, Rn. 41; vgl. auch zur Geschäftsfähigkeit Baumbach/Lauterbach/Albers/Hartmann/*Hartmann*, § 256 ZPO, Rn. 70; Zöller/*Greger*, § 256 ZPO, Rn. 3.

54 3. Teil: Bedeutung der Feststellungen des Notars im gerichtlichen Verfahren

II. Inzidente Klärung der Testierunfähigkeit

1. Feststellungsklage der Erbanwärter gegen den noch lebenden Erblasser

Eine Feststellungsklage der Erbanwärter gegen den noch lebenden Erblasser mit dem Antrag, ihr künftiges Erbrecht festzustellen, ist – auch wenn seine Testierfähigkeit in Rede steht – unzulässig. In diesem Stadium besteht nur eine Erbaussicht und damit noch kein feststellungsfähiges Rechtsverhältnis gem. § 256 Abs. 1 ZPO[162]. Zu berücksichtigen ist auch das Interesse des Erblassers, zu Lebzeiten nicht mit Prozessen über seinen Nachlass überzogen zu werden, da dies als unsittlich angesehen wird[163]. Zudem hat der Erblasser das Recht, seine letztwilligen Verfügungen geheim zu halten; dem würde es widersprechen, wenn der Inhalt gegen seinen Willen auf dem Umweg über eine Klage oder ein Gutachten bekannt werden würde[164].

2. Feststellungs- oder Leistungsklage nach Eintritt des Erbfalls

Nach Eintritt des Erbfalls ist grundsätzlich sowohl eine positive Feststellungsklage der Erbprätendenten gegen die gesetzlichen bzw. testamentarischen Erben mit dem Antrag, das Erbrecht festzustellen, als auch eine negative Feststellungsklage der gesetzlichen bzw. in einem früheren Testament eingesetzten testamentarischen Erben gegen die testamentarischen Erben mit dem Antrag, dass der Beklagte nicht Erbe nach dem Testament geworden ist, zulässig, wenn das gem. § 256 Abs. 1 ZPO erforderliche Feststellungsinteresse vorliegt. Im Rahmen einer solchen Klage wird dann die Testierunfähigkeit inzident geklärt, wenn die Klage auf diese Einwendung gestützt wird[165].

Daneben kann die Erbfolge und somit inzident die Geschäfts- und Testierfähigkeit auch im Rahmen einer Leistungsklage zu klären sein, z.B. eine Klage eines Gläubigers gegen den Erben aus einer Erblasserschuld, wenn der Erbe Testierunfähigkeit des Erblassers einwendet.

---

162 OLG Köln JW 1930, 2064 (2064); BGH NJW 1962, 1723 (1723); *Schneider*, ZEV 1996, 56 (57); Reimann/Bengel/Mayer/*Voit*, § 2229 BGB, Rn. 20; MünchKomm/*Hagena*, § 2229 BGB, Rn. 50, Staudinger/*Baumann*, § 2229 BGB, Rn. 65.
163 Soergel/*Mayer*, § 2229 BGB, Rn. 41.
164 *Zimmermann*, Rn. 22.
165 OLG Brandenburg, FamRZ 2009, 1610 (1611), positive Feststellungsklage; OLGR Oldenburg 1999, 321 (321), negative Feststellungsklage.

§ 7 Zivilprozess 55

III. Feststellungsklage des noch lebenden Erblassers

Eine Feststellungsklage des noch lebenden Erblassers – dessen Testierfähigkeit angezweifelt wird – mit dem Ziel, die Wirksamkeit seiner in einem Testament getroffenen letztwilligen Verfügungen feststellen zu lassen, wird für unzulässig erachtet[166]. Dem ist zuzustimmen, weil einer solchen Klage das Feststellungsinteresse fehlt. Der Testierende, der jetzt (wieder) testierfähig ist, kann seine Verfügung entweder nochmal bestätigen oder widerrufen und ist deshalb auf eine Klärung der Wirksamkeit der früheren Verfügung nicht angewiesen[167].

Als Ausnahme wird nach übereinstimmender Ansicht eine Feststellungsklage des Erblassers für zulässig erachtet, wenn dieser neu testieren und feststellen lassen will, dass ein früheres bindendes Ehegattentestament oder ein Erbvertrag wegen damaliger Testierunfähigkeit unwirksam ist. Es besteht ein rechtliches Interesse an der Feststellung der Nichtigkeit seiner Verfügung von Todes wegen aufgrund der Errichtung im Zustand der Testierunfähigkeit, weil dann angesichts der Nichtigkeit wegen Testierunfähigkeit keine Bindungswirkung wechselbezüglicher Verfügungen eintritt und der noch lebende Erblasser in der Neugestaltung seines Testaments Gewissheit über die Frage des Gebundenseins haben muss[168].

IV. Beweisrecht im Zivilprozess

1. Darlegungs- und Beweislast

Entsprechend dem Grundsatz, dass die Geschäfts- und Testierunfähigkeit die Ausnahme bildet, muss derjenige, der die Verfügung von Todes wegen für unwirksam hält, Tatsachen darlegen und beweisen, aus denen sich ergibt, dass der Erblasser geschäfts- und testierunfähig war[169], also im Regelfall die gesetzlichen Erben, die die Klage angestrengt haben. Bei nicht behebbaren Zweifeln muss von der Testierfähigkeit ausgegangen werden[170].

---

166 Diese Möglichkeit wird nur von Reimann/Bengel/Mayer/*Voit*, § 2229 BGB, Rn. 20 und MünchKomm/*Hagena*, § 2229 BGB, Rn. 50 angesprochen.
167 Reimann/Bengel/Mayer/*Voit*, § 2229 BGB, Rn. 20; MünchKomm/*Hagena*, § 2229 BGB, Rn. 50.
168 BayObLG NJW-RR 1996, 457 (457), *Schneider*, ZEV 1996, 56 (57); MünchKomm/*Hagena*, § 2229 BGB, Rn. 51; Soergel/*Mayer*, § 2229 BGB, Rn. 41; Reimann/Bengel/Mayer/*Voit*, § 2229 BGB, Rn. 20.
169 Ständige Rechtsprechung, RGZ 162, 223 (229); RG WarnR 1913, Nr. 243; BayObLG FamRZ 1989, 1346 (1347); BayObLGZ 2001, 290 (293).
170 Allg. M., BayObLGZ 1982, 309 (312); BayObLG ZEV 1996, 390 (391); BayObLGZ 2001, 290 (293); BayObLG FamRZ 2002, 62 (64).

56   3. Teil: Bedeutung der Feststellungen des Notars im gerichtlichen Verfahren

2. Beweiserhebung

Die Frage nach den Voraussetzungen der §§ 104 Nr. 2, 2229 Abs. 4 BGB ist Tatsachenfeststellung[171]. Die für das Vorliegen von Geschäfts- und Testierunfähigkeit maßgeblichen Anzeichen liegen insbesondere in den Erscheinungen der Erkrankung, dem Verständnis, das der Betroffene für geschäftliche und rechtliche Vorgänge gezeigt hat, der Wahrnehmung der Umgebung des Betroffenen über dessen Lebensführung und der bei der Behandlung der Krankheit gewonnenen ärztlichen Einsichten[172]. Das Gericht hat die Tatsachen, die gegen die Testierfähigkeit sprechen, zu prüfen und danach festzustellen, ob die eigene Sachkunde zur Beurteilung der Testierfähigkeit ausreicht oder ob ein Sachverständigengutachten erforderlich ist[173]. Bei streitigen Tatsachenbehauptungen (z.B. widersprechende Zeugenaussagen zum psychisch-geistigen Zustand des Erblassers) hat das Gericht zu bestimmen, welche es durch eine vorangegangene Beweiserhebung für bewiesen hält und beurteilt haben möchte, § 404a Abs. 3 ZPO. Das Gericht kann von der Einholung eines Sachverständigengutachtens absehen, wenn die festgestellten Tatsachen nicht ausreichen, um den Ausnahmefall der Testierunfähigkeit mit Hilfe des Sachverständigen zu begründen[174]. Bestehen aber Anhaltspunkte für eine Testierunfähigkeit, ist in der Regel die Einholung eines Gutachtens durch einen psychiatrischen oder nervenärztlichen Sachverständigen erforderlich[175]. Die Einholung eines Sachverständigengutachtens erfolgt grundsätzlich aufgrund des im Zivilprozess herrschenden Beibringungsgrundsatzes nur auf Antrag einer Partei[176]. Ausnahmsweise darf das Gericht auch von Amts wegen ein Gutachten einholen, wenn seine eigene Sachkunde zur Auswertung des Parteivorbringens nicht ausreicht[177].

3. Beweiswürdigung

Die Würdigung aller Umstände und die abschließende Entscheidung, ob ein zu beurteilender Sachverhalt die Testierunfähigkeit begründet, obliegt gem. § 286

---

171 RGZ 162, 223 (230); BayObLGZ 1962, 219 (220); BayObLGZ NJW-RR 1990, 1419 (1420).
172 RG WarnR 1928, Nr. 167, S. 340.
173 OLG Hamm, OLGZ 1989, 271 (273), vgl. BayObLG FamRZ 2000, 120 (122), kein Sachverständigengutachten erforderlich, wenn nach den Ermittlungen des Gerichts keine Zweifel mehr an der Testierfähigkeit bestehen; in diesem Sinne auch KG NJW 2001, 903 (904).
174 KG FamRZ 2000, 912 (913).
175 Ständige Rechtsprechung, BayObLG NJW-RR 1990, 1419 (1420); BayObLG FamRZ 1994, 1137 (1138), BayObLG FamRZ 1997, 1511 (1512); BayObLG FamRZ 1998, 515 (516).
176 Zöller/*Greger*, § 403 ZPO, Rn. 1.
177 Zöller/*Greger*, § 144 ZPO, Rn. 1.

§ 7 Zivilprozess   57

Abs. 1 ZPO – wie auch sonst beim Sachverständigenbeweis – nicht dem Sachverständigen, sondern allein dem Gericht[178]. Deshalb ist das Gericht an das eingeholte Gutachten nicht gebunden, sondern kann davon nach eingehender Auseinandersetzung auch abweichen[179]. Die Ausführungen des Sachverständigen sind dabei auf ihren sachlichen Gehalt, ihre logische Schlüssigkeit und daraufhin zu überprüfen, ob der Sachverständige von dem gleichen Sachverhalt ausgegangen ist, den auch der Richter selbst für erwiesen erachtet hat[180]. Die medizinischen Krankheitsbegriffe haben dabei nur eine Hilfsfunktion als Ausgangspunkt der juristischen Beurteilung. Denn bei den Begriffen „Zustand krankhafter Störung der Geistestätigkeit", „Bewusstlosigkeit", „Geistesschwäche", „Bewusstseinsstörung" oder „Geistesstörung" handelt es sich um Rechtsbegriffe, die alle psychisch-geistigen Insuffizienzen erfassen, unabhängig von deren medizinischer Einordnung und Bezeichnung[181]. Erst Recht gilt dies für die erforderliche Feststellung eines dadurch verursachten Ausschlusses der Einsichts- und Handlungsfähigkeit[182]. Aufgrund des Gesamtergebnisses der Beweisaufnahme kann das Gericht daher auch dann von der Testierunfähigkeit des Erblassers überzeugt sein, wenn der Sachverständige diese nur „mit hoher Wahrscheinlichkeit" für gegeben erachtet hat[183].

Bei Testierunfähigkeit vor und nach Testamentserrichtung spricht der Beweis des ersten Anscheins für Testierunfähigkeit im Zeitpunkt der Testamentserrichtung[184]. Dieser Anscheinsbeweis setzt jedoch voraus, dass das Gericht im Grundsatz von einer anhaltenden Testierunfähigkeit des Erblassers im Zeitraum vor und nach der Testamentserrichtung überzeugt ist[185]. Es ist dann Sache des durch das Testament Begünstigten, Umstände darzulegen und gegebenenfalls zu beweisen, durch die der Beweis des ersten Anscheins erschüttert wird[186]. Dazu genügt bereits der Nachweis einer ernsthaften Möglichkeit einer vorübergehenden Besserung des Geisteszustandes des Erblassers, sogenanntes lichtes Intervall[187].

---

178 BGHZ 61, 165 (168); BayObLG FamRZ 1985, 314 (315); BayObLGZ 1991, 59 (63).
179 RGZ 162, 223 (228); BayObLG FamRZ 1985, 742 (743).
180 BayObLGZ 1982, 309 (314); BayObLG ZEV 1997, 510 (511); BayObLGZ 2000, 48 (55/56).
181 Vgl. RGZ 162, 223 (229).
182 Vgl. KG FamRZ 1969, 440 (441).
183 BayObLGZ FamRZ 1985, 314 (315).
184 BayObLGZ 1979, 256 (266); OLG Köln NJW-RR 1991, 1412 (1412); BayObLG FamRZ 1999, 819 (820); Reimann/Bengel/Mayer/*Voit*, § 2229 BGB, Rn. 22; MünchKomm/*Hagena*, § 2229 BGB, Rn. 61; Soergel/*Mayer*, § 2229 BGB, Rn. 35.
185 BayObLG FamRZ 1999, 819 (820), wechselnder Geisteszustand genügt nicht.
186 BayObLGZ 1982, 309 (315); OLG Köln RPfleger 1992, 25 (26).
187 Dies wurde angenommen, wenn umfangreiche Anordnungen des Erblassers haben erkennen lassen, dass der Erblasser seine Vermögensverhältnisse noch voll überblickt hat, BayObLG

Ist der erste Anschein erschüttert, indem ein lichtes Intervall ernsthaft in Betracht kommt, so hat die Testierunfähigkeit nach dem allgemeinen Grundsatz derjenige zu beweisen, der sich darauf beruft[188].

4. Beweisanforderungen

Zur Annahme von Testierunfähigkeit genügt nach der Rechtsprechung nicht deren Wahrscheinlichkeit, „selbst wenn sie an Sicherheit grenzt". Hier ist für die Überzeugung des Gerichts erforderlich, dass diese mit einem für das praktische Leben brauchbaren Grad von Gewissheit zur Überzeugung des Gerichts feststeht[189].

5. Bedeutung der nach § 28 BeurkG dokumentierten Wahrnehmungen des Notars über die Geschäfts- und Testierunfähigkeit

a) Für den Richter

In der Urkunde festgestellte Tatsachen zur Testierfähigkeit können für den Richter zunächst bei der Entscheidung, ob die eigene Sachkunde zur Beurteilung der Testierunfähigkeit ausreicht oder ob ein Sachverständigengutachten erforderlich ist, hilfreich sein. Entscheidet sich der Richter für die Einholung eines Sachverständigengutachtens, dienen die urkundlich festgestellten – unstreitigen – Tatsachen dem Sachverständigen als Grundlage (Anknüpfungstatsachen) seiner gutachterlichen Prüfung[190]. Hinsichtlich dieser Tatsachen ist aufgrund der formellen Beweiskraft der notariellen Urkunde gem. §§ 415 Abs. 1, 418 Abs. 1 ZPO eine abweichende freie Beweiswürdigung des Richters ausgeschlossen, § 286 Abs. 2 ZPO[191].

Demgegenüber kann der Richter den nicht von der Beweiskraft erfassten Vermerk, „der Beteiligte ist zur Überzeugung des Notars geschäfts- und testierfähig", lediglich im Rahmen der freien Beweiswürdigung nach § 286 Abs. 1

ZEV 1994, 303 (304); Soergel/*Mayer*, § 2229 BGB, Rn. 35; MünchKomm/*Hagena*, § 2229 BGB, Rn. 62; Reimann/Bengel/Mayer/*Voit*, § 2229 BGB, Rn. 22.

188 OLG Köln FamRZ 1992, 729 (731); *Jerschke*, ZEV 1994, 304 (305); MünchKomm/*Hagena*, § 2229 BGB, Rn. 62.

189 Ständige Rspr., BGHZ 53, 245 (256); BGH Rpfleger 1984, 317 (318); BayObLG FamRZ 1985, 314 (315); 1985, 743 (746); OLG Frankfurt NJW-RR 1998, 870 (871); OLG Köln Rpfleger 1992, 25 (26).

190 Vgl. Thomas/Putzo/*Reichold*, § 404a ZPO, Rn. 4; Zöller/*Greger*, § 404a ZPO, Rn. 3.

191 Vgl. Zöller/*Geimer*, Vor. § 415 ZPO, Rn. 1; MünchKommZPO/*Schreiber*, § 415 ZPO, Rn. 11; Thomas/Putzo/*Reichold*, § 415 ZPO, Rn. 5.

§ 7 Zivilprozess 59

ZPO berücksichtigen. In diesem Fall wird der Richter den Notar daher immer als Zeugen zu etwaigen Verhaltensauffälligkeiten des Testierenden im Beurkundungstermin vernehmen müssen. Die Aussage des Notars dient dann der Ermittlung der Anknüpfungstatsachen, die der Richter dem Sachverständigen als Grundlage für das Gutachten vorzugeben hat, nicht aber einer abschließenden Beantwortung der Frage, ob der Erblasser testierunfähig war[192].

b) Für die Parteien

Die in der Urkunde festgestellten Tatsachen zur Testierfähigkeit können von der Partei in den Prozess eingeführt und mittels der Testamentsurkunde bewiesen werden. Gem. § 418 Abs. 2 ZPO ist der Beweis der Unrichtigkeit der bezeugten Tatsachen (Gegenbeweis) zulässig. Bewiesen werden müsste die Unrichtigkeit der zur Testierfähigkeit festgestellten Tatsachen des Notars mittels Zeugen-, Augenschein-, Urkunden- oder Sachverständigenbeweis. Die Parteivernehmung ist gem. § 445 Abs. 2 ZPO unzulässig. Da der Notar seine Wahrnehmungen zur Testierfähigkeit im Zeitpunkt der Beurkundung wiedergibt, müsste somit bewiesen werden, dass der Notar falsche Wahrnehmungen in der Urkunde vermerkt hat. Da als Zeuge grundsätzlich nur der bei der Beurkundung anwesende Notar in Betracht kommt, wird der Beweis der Unrichtigkeit daher praktisch nicht zu führen sein.

6. Rolle des Notars in einem späteren Prozess

Der Notar kann im Streitverfahren gem. § 373 ZPO auf Antrag einer Partei als Zeuge, aber nicht als Sachverständiger vernommen werden[193]. In Betracht kommt auch eine schriftliche Stellungnahme des Notars, § 377 Abs. 3 S. 1 ZPO[194]. Die schriftliche Beantwortung ist Zeugen-, nicht Urkundenbeweis[195]. Der Aussage des Notars kann im Rahmen einer durch den Sachverständigen vorzu-

---

192 OLGR München 2008, 591 (592); BayObLG, Beschluss v. 22.11.2001, Az.: 1Z BR 38/01, http://www.juris.de/jportal/portal/t/189o/page/jurisw.psml?pid=Dokumentanzeige&showdoccase=1&js_peid=Trefferliste&documentnumber=1&numberofresults=1&fromdoctodoc=yes&doc.id=JURE060043876%3Ajuris-r01&doc.part=L&doc.price=0.0&doc.hl=1#focuspoint.
193 Keidel/*Winkler*, § 11 BeurkG, Rn. 14; Eylmann/Vaasen/*Limmer*, § 11 BeurkG, Rn. 8; Armbrüster/Preuss/Renner/*Armbrüster*, § 28 BeurkG, Rn. 8; *Zimmermann*, BWNotZ 2000, 97 (100).
194 Eine schriftliche Stellungnahme des Notars erfolgt regelmäßig im Verfahren der freiwilligen Gerichtsbarkeit bei der Beweiserhebung über die Anknüpfungstatsachen, *Lier*, FF Sonderheft 1, April 2003, 90 (92).
195 Zöller/*Greger*, § 377 ZPO, Rn. 6; Thomas/Putzo/*Reichold*, § 377 ZPO, Rn. 2.

nehmenden Demenzdiagnostik zur Beschreibung der Verhaltens- und Wesenauffälligkeiten des Betroffenen ein besonderes Gewicht beizumessen sein[196]. Entscheidend ist hierbei, dass die Aussage des Notars der freien Beweiswürdigung gem. § 286 Abs. 1 ZPO unterliegt, während die in der Urkunde niedergelegten Wahrnehmungen des Notars gem. § 418 Abs. 1 BGB voll bewiesen sind.

7. Zeugnisverweigerungsrecht des Notars, § 383 Abs. 1 Nr. 6 ZPO/ Schweigepflicht des Notars, § 18 Abs. 1 BNotO

Der Notar ist gem. § 18 Abs. 1 S. 1 BNotO zur Verschwiegenheit über alles, was ihm bei der Ausübung seines Amtes bekannt geworden ist, verpflichtet. Soll der Notar im Zivilprozess als Zeuge zur Frage der Testierunfähigkeit aussagen, steht dem Notar ein Zeugnisverweigerungsrecht nach § 383 Abs. 1 Nr. 6 ZPO zu. Die gem. § 203 Abs. 1 Nr. 3 StGB strafrechtlich bewehrte Schweigepflicht endet nicht mit dem Tod des Erblassers, § 203 Abs. 4 StGB[197]. Abgesehen davon, dass der Betroffene den Notar von der Verschwiegenheitspflicht ausdrücklich befreit hat, kann die Aufsichtsbehörde den Notar nach dem Tode des Betroffenen nach § 18 Abs. 2 2. Hs. BNotO von der Verschwiegenheitspflicht befreien. Teile der Literatur halten § 18 Abs. 2 2. Hs. BNotO für eine abschließende Sonderbestimmung, die ein eigenes Entscheidungsrecht des Notars ausschließt[198]. Die Rechtsprechung erachtet es darüber hinaus für zulässig, dem Notar die Entscheidung aufzuerlegen. Danach sei in der Regel davon auszugehen, dass die Aufklärung von Zweifeln an der Testierfähigkeit im wohlverstandenen Interesse des Erblassers liege. Hinsichtlich solcher Tatsachen, welche die Willensbildung des Erblassers und das Zustandekommen einer letztwilligen Verfügung betreffen, sei daher grundsätzlich keine Verschwiegenheitspflicht anzunehmen[199].

Beide Auffassungen lassen die Zuständigkeit der Angehörigen zur Wahrnehmung des postmortalen Persönlichkeitsrechts unberücksichtigt, und es stellt sich die Frage, ob nicht die Angehörigen nach dem Tode des Erblassers über die Schweigepflicht disponieren, d.h. den Notar von der Schweigepflicht entbinden können. Das Recht auf Wahrung eines Geheimnisses ist ein Bestandteil des all-

---

196 KG FamRZ 2000, 912 (913); OLG Celle FF 2003, 148 (149), bei Altersdemenz können auch die Wahrnehmungen des Notars von Bedeutung sein.
197 BGHZ 91, 392 (398); BayObLGZ 1986, 332 (334); MünchKomm/*Hagena*, § 2229 BGB, Rn. 49.
198 Schippel/Bracker/*Kanzleiter*, § 18 BNotO, Rn. 53; Eylmann/Vaasen/*Eylmann*, § 18 BNotO, Rn. 41; Soergel/*Mayer*, § 2229 BGB, Rn. 34; im Ergebnis auch *Edenfeld*, ZEV 1997, 391 (397/398).
199 OLG Frankfurt DNotZ 1998, 216 (218); Bartsch, NJW 2001, 861 (861).

§ 7 Zivilprozess   61

gemeinen Persönlichkeitsrechts bzw. Selbstbestimmungsrechts gem. Art. 2 Abs. 1 i.V.m. Art. 1 Abs. 1 GG. Betroffen ist das postmortale Persönlichkeitsrecht des Erblassers[200]. Generell wird zum postmortalen Persönlichkeitsrecht vertreten, dass zur Wahrnehmung ideeller Interessen in Ermangelung einer vom Verstorbenen bestimmten Person die nächsten Angehörigen berufen sind[201]. In Anlehnung an den Rechtsgedanken der §§ 194 Abs. 2, 205 Abs. 2, 77 Abs. 2 StGB, §§ 60 Abs. 2, 83 Abs. 3 S. 2 UrhG, § 22 S. 3 und 4 KUG, § 4 Abs. 2 TPG werden zunächst die Ehegatten und Kinder, danach die Eltern, Geschwister und Enkel als wahrnehmungsberechtigt angesehen; demgegenüber seien für die Wahrnehmung kommerzieller Interessen die Erben berufen[202]. Nach der Rechtsprechung handelt es sich bei dem Recht zur Disposition über die Schweigepflicht um ein höchstpersönliches Recht, das nicht auf die Erben gem. § 1922 BGB übergeht[203], so dass sich danach die Frage der Dispositionsbefugnis der nächsten Angehörigen über die Schweigepflicht des Notars stellt.

Die Problematik einer Zuständigkeit der nächsten Angehörigen für die Frage der Entbindung des Notars von der Schweigepflicht besteht darin, dass die nächsten Angehörigen zugleich die gesetzlichen Erben sind und sie deshalb ein dem Interesse des Erblassers gegenläufiges Interesse daran haben können, dass die Testierunfähigkeit und damit die Unwirksamkeit des Testaments festgestellt wird, d.h. sie den Notar nur dann von der Schweigepflicht entbinden, wenn dieser die Testierunfähigkeit bestätigen wird. Die Ausübung des Entscheidungsrechtes über die Schweigepflicht dient daher nicht immer auch den postmortalen Persönlichkeitsbelangen des Erblassers. Diese Missbrauchsgefahr durch eine Zuständigkeit der Angehörigen wird durch die mit § 18 Abs. 2 2. Hs. BNotO getroffene Zuständigkeit der Aufsichtsbehörde ausgeschlossen. Aus diesem Grund ist eine Zuständigkeit der nahen Angehörigen zur Entscheidung über die Schweigepflichtsentbindung des Notars zu verneinen.

Ist eine Zuständigkeit der nahen Angehörigen zur Wahrnehmung des postmortalen Persönlichkeitsrechts zu verneinen, greift die Preisgabe der bei der Beurkundung bekannt gewordenen Umstände in das postmortale Persönlichkeitsrecht des Erblassers ein und muss ein solcher Eingriff somit durch eine legitime gesetzliche Grundlage gedeckt sein. Dies hat der Gesetzgeber mit § 18 Abs. 2 2. Hs. BNotO getan. Auch ein neben der Zuständigkeit der Aufsichtsbehörde bestehendes Entscheidungsrecht des Notars ist somit mangels gesetzlicher Grundlage verfassungswidrig und somit unzulässig.

---

200 *Hess*, ZEV 2006, 479 (480).
201 MünchKomm/*Rixecker*, Anh. zu § 12 BGB, Rn. 32a.
202 BGHZ 143, 214 (223); BayObLGZ 1986, 332 (335); OLG Stuttgart OLGZ 1983, 6 (9).
203 BGH NJW 1983, 2627 (2628).

Zuständige Aufsichtsbehörde ist der Präsident des Landgerichts, in dessen Bezirk der Notar seinen Amtssitz hat[204]. Nach allgemeiner Meinung entscheidet die Aufsichtsbehörde nach pflichtgemäßem Ermessen. Dabei hat sie zu prüfen, ob der verstorbene Beteiligte, wenn er noch lebte, bei verständiger Würdigung der jetzigen Sachlage sein Geheimhaltungsinteresse hinten anstellen würde oder ob durch den Tod des Beteiligten das Geheimhaltungsinteresse entfallen ist[205]. Nach der Rechtsprechung könne bei einem notariellen Testament im Regelfall davon ausgegangen werden, dass das Geheimhaltungsinteresse des Erblassers mit seinem Tode weggefallen sei[206]. Dem ist nicht zustimmen. Der Erblasser kann gute Gründe dafür haben, dass seine geistige Verfassung nicht vor den Angehörigen und/oder dem Gericht erörtert wird. Es ist dann Aufgabe der Aufsichtsbehörde, zu ermitteln, ob der Erblasser dies gegenüber dem Notar geäußert hat oder sein Verhalten insgesamt zum Ausdruck gebracht hat, er wünsche die Geheimhaltung auch gegenüber den Hinterbliebenen.

§ 8 Erbscheinverfahren

I. Verhältnis zum Zivilprozess

Die Erteilung des Erbscheins erfolgt in der Regel durch das Nachlassgericht in einem Verfahren der freiwilligen Gerichtsbarkeit, das vom Amtsermittlungsgrundsatz gem. § 2358 BGB, § 26 FamFG geprägt ist[207].

Ein rechtskräftiges Feststellungsurteil über das Erbrecht bindet das Nachlassgericht im Umfang seiner Rechtskraftwirkung nur, wenn es zwischen allen Beteiligten des Erbscheinverfahrens in Rechtskraft erwachsen ist, diese also auch die Streitparteien des Rechtsstreits waren[208]. Die Feststellungen im Urteil zur Geschäfts- und Testierunfähigkeit binden das Nachlassgericht nicht, weil es sich um eine Vorfrage handelt, die nicht von der Rechtskraft erfasst wird[209].

---

[204] Arndt/Lerch/Sandkühler/*Sandkühler*, § 18 BNotO, Rn. 111.
[205] Arnst/Lerch/Sandkühler/*Sandkühler*, § 18 BNotO, Rn. 112; Schippel/Bracker/*Kanzleiter*, § 18 BNotO, Rn. 55; Eylmann/Vaasen/*Eylmann*, § 18 BNotO, Rn. 45.
[206] OLG Köln DNotZ 1978, 314 (315/316); ähnlich BGH NJW 1984, 2895 (2895) zum mutmaßlichen Willen des Erblassers: „Es könne nicht unterstellt werden, dass der Erblasser seinen die Testierfähigkeit ausschließenden Zustand vor dem Nachlassgericht hätte verbergen wollen".
[207] MünchKomm/*Mayer*, § 2353 BGB, Rn. 2.
[208] BayObLG FamRZ 1999, 334 (335).
[209] Vgl. Palandt/*Weidlich*, § 2353 BGB, Rn. 23; allgemein Zöller/*Vollkommer*, Vor § 322 ZPO, Rn. 34.

§ 8 Erbscheinverfahren 63

II. Anlass zur Prüfung der Testierunfähigkeit

Im Erbscheinverfahren erfolgt die Prüfung der Testierfähigkeit von Amts wegen, § 2358 BGB, § 26 FamFG. Da die Testierfähigkeit aber der Regelfall, die Testierunfähigkeit die Ausnahme ist, muss das Gericht nicht allen nur denkbaren Möglichkeiten nachgehen. Die Amtsermittlungspflicht besteht nur insoweit, als vorgetragene oder objektive Tatsachen Anlass zu Zweifeln an der Testierfähigkeit geben[210]. Indizien für den Anlass zur Amtsermittlung sind der Vortrag konkreter Umstände, die den Schluss auf eine Testierunfähigkeit zulassen können, z.B. wenn der Antragsteller seinen Erbscheinsantrag auf die gesetzliche Erbfolge stützt und vorträgt, ein vom Erblasser errichtetes Testament sei wegen Testierunfähigkeit aufgrund einer Demenzerkrankung unwirksam[211]. Weitere Anhaltspunkte, die Anlass zur Prüfung der Testierunfähigkeit geben, können sich auch aus dem Testament selbst oder einem beigefügten ärztlichen Attest ergeben[212]. Ergibt sich aus den Testamentsakten, dass der Erblasser unter Betreuung stand oder ein Gerichtsverfahren zur Unterbringung des Erblassers in einem psychiatrischen Fachkrankenhaus durchgeführt wurde, muss ebenfalls der Frage einer möglichen Testierunfähigkeit nachgegangen werden[213]. Bereits vor Stellung eines Erbscheinsantrags können die im Zusammenhang mit der Eröffnung des Testaments oder des Erbvertrags[214] nach § 348 Abs. 2 S. 1 FamFG geladenen gesetzlichen Erben und sonstige Beteiligte[215] Zweifel an der Geschäfts- bzw. Testierunfähigkeit dem Gericht mitteilen[216] und sich dabei auf die notarielle Urkunde stützen.

III. Durchführung der Ermittlungen

Die zur Aufklärung des Sachverhaltes erhebt das Gericht gem. § 2358 Abs. 1 BGB von Amts wegen in der ihm geeignet erscheinenden Form, § 29 Abs. 1 FamFG. Ist die Prüfung der Testierunfähigkeit veranlasst, so hat der Nachlass-

---

210 BayObLG FamRZ 1990, 1405 (1406); KG FamRZ 2000, 912 (913); BayObLG FamRZ 2004, 659 (661); Staudinger/*Baumann*, § 2229 BGB, Rn. 57/58; MünchKomm/*Hagena*, § 2229 BGB, Rn. 53.
211 OLG Hamm OLGZ 1989, 271 (274).
212 BayObLGZ 1953, 195 (198).
213 *Lier*, FF Sonderheft 1, April 2003, 90 (90/91).
214 Der Erbvertrag ist grundsätzlich ebenfalls in die amtliche Verwahrung zu geben, § 34 Abs. 2 BeurkG.
215 Beteiligter ist gem. § 7 Abs. 2 Nr. 1 FamFG derjenige, deren Recht durch das Verfahren unmittelbar betroffen ist.
216 *Lier*, FF Sonderheft 1, April 2003, 90 (91).

richter zunächst den zu begutachtenden Sachverhalt (Anknüpfungstatsachen) von Amts wegen unter Einbeziehung der Vorgeschichte und aller äußeren Umstände zu ermitteln und aufzuklären[217], bevor er entscheidet, ob er einen psychiatrischen Sachverständigen beauftragt, weil nunmehr konkrete Anhaltspunkte für eine Testierunfähigkeit sprechen[218]. Mit dem Ziel, Beweismittel zu sammeln, gewährt der Nachlassrichter allen gesetzlichen Erben und allen – auch früher eingesetzten – testamentarischen Erben rechtliches Gehör gem. § 37 Abs. 2 FamFG mit dem Hinweis, zugleich mögliche Beweismittel zu benennen. Wenn vorhanden, sind die Betreuungs- und Unterbringungsakten hinzuziehen. Der Nachlassrichter hat zu ermitteln, welche Hausärzte oder Krankenhäuser den Erblasser behandelt haben, so dass er die Krankenunterlagen anfordern kann. Wichtige Hinweise auf den Geisteszustand des Erblassers liefern auch Gutachten von Kranken- und Pflegeversicherungen. Durch den Amtsermittlungsgrundsatz ist der Nachlassrichter nicht an Beweisanträge oder angebotene Beweismittel gebunden. Ob er sich mit formlosen Ermittlungen (Freibeweis, § 26 FamFG) begnügt oder eine förmliche Beweisaufnahme (Strengbeweis, § 30 Abs. 1 FamFG) anordnet, steht in seinem pflichtgemäßen Ermessen[219].

IV. Erforderlichkeit eines psychiatrischen Gutachtens

Ob der Nachlassrichter einen Sachverständigen hinzuzieht, liegt ebenfalls in seinem pflichtgemäßen Ermessen. Kommt der Nachlassrichter zu dem Schluss, dass die durch Zeugen und andere Beweismittel feststellbaren Tatsachen nicht ausreichen können, um den Ausnahmefall der Testierunfähigkeit mit Hilfe eines Sachverständigen zu begründen, muss er keinen Sachverständigen beauftragen. Er kann dann wie im Zivilprozess aufgrund eigener Sachkunde von der Testierfähigkeit ausgehen[220]. Bestehen aber Anhaltspunkte für eine Testierunfähigkeit, wird der Nachlassrichter wie im Zivilprozess ohne Sachverständigen in der Regel nicht von einer Testierunfähigkeit ausgehen können[221].

---

217 BayObLGZ 1979, 256 (263); BayObLG FamRZ 1994, 593 (593).
218 BayObLG ZEV 1998, 230 (231); FamRZ 2001, 55 (56).
219 *Lier*, FF Sonderheft 1, April 2003, 90 (91).
220 BayObLG NJW-RR 1990, 1419 (1420).
221 BayObLG ZEV 1994, 303 (304); BayObLG FamRZ 2004, 1821 (1822); Soergel/*Mayer*, § 2229 BGB, Rn. 32; BayObLG ZEV 1994, 303 (304).

§ 8 Erbscheinverfahren

V. Feststellungslast

Im Erbscheinverfahren trifft bei verbleibenden Zweifeln trotz Ausschöpfung aller Aufklärungsmöglichkeiten die Feststellungslast denjenigen, der sich auf die Unwirksamkeit des Testaments infolge Testierunfähigkeit beruft[222].

VI. Bedeutung der nach § 28 BeurkG dokumentierten Wahrnehmungen

1. Für den Nachlassrichter

Im Erbscheinverfahren hat der Antragsteller die notarielle Urkunde gem. § 2356 Abs. 1 S. 1 BGB vorzulegen. Ergeben sich aus den protokollierten Tatsachen des Notars für den Nachlassrichter Zweifel an der Geschäfts- und Testierfähigkeit, lösen sie die Amtsermittlungspflicht gem. § 2358 BGB, § 26 FamFG aus[223]. Auch im Erbscheinverfahren ist die formelle Beweiskraft nach § 418 Abs. 1 ZPO zu beachten[224]. Aus dem Grundsatz der Amtsermittlung folgt dann, dass das Gericht von sich aus alle Erkenntnisquellen auszuschöpfen hat, die geeignet sind, den Beweis dafür zu erbringen, dass der Vorgang nicht richtig beurkundet wurde[225].

Auch im Erbscheinverfahren können die urkundlich festgestellten Tatsachen bei der Entscheidung, ob die eigene Sachkunde zur Beurteilung der Testierunfähigkeit ausreicht oder ob ein Sachverständigengutachten erforderlich ist, hilfreich sein und dienen als Anknüpfungstatsachen.

2. Für die Beteiligten

Der Antragsteller eines Erbscheins, der sich auf die gesetzliche Erbfolge stützt und vorträgt, das Testament sei wegen Testierunfähigkeit unwirksam, kann seinen Vortrag auf die protokollierten Tatsachen des Notars stützen. Ebenso kann sich der testamentarische Erbe – wenn die Testierfähigkeit angezweifelt wird – auf die Feststellung stützen, dass sich keine Anhaltspunkte für eine nicht vorhandene Testierfähigkeit ergaben.

---

222 BayObLGZ 1979, 256 (261); BayObLG FamRZ 1984, 823 (824).
223 *Jansen*, § 11 BeurkG, Rn. 9; vgl. auch *Lier*, FF Sonderheft 1, April 2003, 90 (91).
224 Schulte-Bunert/Weinreich/*Brinkmann*, § 30 FamFG, Rn. 80; Bumiller/Harders/*Bumiller*, § 30 FamFG, Rn. 28.
225 BayObLG NJW-RR 2000, 456 (457); Bumiller/Harders/*Bumiller*, § 30 FamFG, Rn. 26; Schulte-Bunert/Weinreich/*Brinkmann*, § 30 FamFG, Rn. 80.

VII. Rolle des Notars im Erbscheinverfahren

Der Notar kann im Verfahren der freiwilligen Gerichtsbarkeit von Amts wegen als Zeuge im Wege des Strengbeweises in einem Beweistermin mit den Beteiligten vernommen werden[226]. In Betracht kommt ebenfalls im Wege des Strengbeweises eine schriftliche Beantwortung der Beweisfrage durch den Notar, § 30 Abs. 1 FamFG i.V.m. § 377 Abs. 3 S. 1 ZPO. Auch freibeweislich kann der Nachlassrichter den Notar anschreiben und um schriftliche Auskunft zur Frage der Testierunfähigkeit bitten[227].

VIII. Zeugnisverweigerungsrecht des Notars, §§ 29 Abs. 2 FamFG, 383 Abs. 1 Nr. 6 ZPO/Schweigepflicht des Notars, § 18 BNotO

Auch im Erbscheinverfahren steht dem Notar gem. § 29 Abs. 2 FamFG i.V.m. § 383 Abs. 1 Nr. 6 ZPO ein Zeugnisverweigerungsrecht zu, wobei nur die Aufsichtsbehörde gem. § 18 Abs. 2 2. Hs. BNotO die Befugnis hat, den Notar von der Verschwiegenheitspflicht nach dem Tod des Testierenden zu befreien. Insofern ist die von Lier vorgeschlagene Vorgehensweise, dass der Nachlassrichter in seinem Anschreiben an den Notar diesen darauf hinzuweisen hat, dass die Schweigepflicht einer Aussage nicht entgegensteht[228], unzulässig.

§ 9 Selbstständiges Beweisverfahren

Das OLG Koblenz[229] hält es – ohne nähere Begründung – für denkbar, dass Feststellungen zum Geisteszustand des Testierenden in einem selbständigen Beweisverfahren gem. § 485 ZPO getroffen werden können. Nach überwiegender Meinung kann dagegen der gesetzliche bzw. der durch eine frühere Verfügung bedachte Erbe zur Frage der Testierfähigkeit des noch lebenden Erblassers kein selbständiges Beweisverfahren einleiten, weil ein ausreichendes rechtliches Interesse (noch) fehlt[230].

---

226 *Lier*, FF Sonderheft 1, April 2003, 90 (92).
227 *Lier*, FF Sonderheft 1, April 2003, 90 (92).
228 *Lier*, FF Sonderheft 1, April 2003, 90 (91/92).
229 OLG Koblenz ZEV 2003, 243 (243).
230 OLG Frankfurt/M. FamRZ 1997, 1021 (1022/1023); Reimann/Bengel/Mayer/*Voit*, § 2229 BGB, Rn. 20; Soergel/*Mayer*, § 2229 BGB, Rn. 41; Palandt/*Weidlich*, § 1922 BGB, Rn. 5; MünchKomm/*Hagena*, § 2229 BGB, Rn. 50; Nieder/Kössinger/*Kössinger*, § 7, Rn. 24.

§ 9 Selbstständiges Beweisverfahren 67

Dem ist zuzustimmen. Gem. § 485 Abs. 2 S. 2 ZPO ist ein rechtliches Interesse anzunehmen, wenn die Feststellung der Vermeidung eines Rechtsstreits dienen kann. Demzufolge begründet erst die erkennbare Absicht, durch die Beweiserhebung einen Prozess vorzubereiten oder zu verhindern, das rechtliche Interesse. Deshalb gibt das Gesetz dem Antragsgegner in § 494a ZPO auch das Recht, den Antragsteller durch das Gericht unter Fristsetzung zur Erhebung der Hauptsacheklage auffordern zu lassen. Es wäre jedoch abwegig, wollte man dem Antragsgegner entsprechend 494a ZPO das Recht geben, dem Antragsteller die Stellung eines Erbscheinsantrags innerhalb einer bestimmten Frist aufgeben zu lassen, womöglich noch zu Lebezeiten des künftigen Erblassers. Zudem ist offen, ob es überhaupt bei diesem Testament bleibt und dem Antragsteller ein Erbrecht zusteht, das ihn zur Stellung eines Erbscheinsantrags berechtigt[231]. Weiter wird von der Rechtsprechung zutreffend angeführt, dass eine Begutachtung nach dem Tod des Erblassers zwar mit größeren Schwierigkeiten verbunden ist als zu Lebzeiten, dies rechtfertigt aber nicht den mit der Beweiserhebung erfolgenden Eingriff in das Persönlichkeitsrecht des künftigen Erblassers[232].

---

231 OLG Frankfurt/M. FamRZ 1997, 1021 (1022/1023).
232 OLG Frankfurt/M. FamRZ 1997, 1021 (1023).

4. Teil: Beurkundungsanspruch und Ablehnungspflicht nach § 11 Abs. 1 S. 1 BeurkG

§ 10 Anspruch auf Beurkundung aus Art. 14 Abs. 1 S. 1 GG

Nach Art. 14 Abs. 1 S. 2 GG ist es dem Gesetzgeber aufgegeben, Inhalt und Schranken der durch Art. 14 Abs. 1 S. 1 GG gewährleisteten Testierfreiheit zu bestimmen. Erst die Ausgestaltung durch den Gesetzgeber ermöglicht den Grundrechtsgebrauch und macht es zu einem durchsetzbaren Recht[233].

Zur Konkretisierung des Prinzips der Testierfreiheit hat der Gesetzgeber einen erbrechtlichen Typenzwang statuiert und Vorschriften über die zulässigen Testamentsformen und Anforderungen an die Testierfähigkeit erlassen[234].

Der Erblasser unterliegt diesem Typen- und Formzwang und wird dadurch in seiner Privatautonomie eingeschränkt.

Der Gesetzgeber hat dies so geregelt, dass er dem Erblasser zur Gestaltung der Erbrechtsfolge zwei Typen zur Verfügung stellt, nämlich das Testament (§ 1937 BGB) und den Erbvertrag (§ 1941 BGB). Zwei ordentliche Testamentsformen stellt das Gesetz zur Verfügung, das privatschriftliche und das ordentliche öffentliche Testament, § 2231 BGB. Diese sind in ihrer erbrechtsgestaltenden Funktion (Aufhebung, Änderung, Ergänzung, Regelungsgegenstand) gleichwertig[235]. Das ordentliche öffentliche Testament kann aber ebenso wie der Erbvertrag nur zur Niederschrift eines Notars errichtet werden, §§ 2231 Nr. 1, 2276 Abs. 1 BGB.

Danach gewährleistet Art. 14 Abs. 1 S. 1 GG jeder selbstbestimmungsfähigen[236] Person das Recht, in der Form des öffentlichen Testaments zu testieren oder durch den Abschluss eines Erbvertrags freiwillig eine Bindungswirkung herbeizuführen.

---

233 Vgl. BVerfGE 91, 346 (360).
234 BVerfGE 99, 341 (352/353).
235 Unterschiede bestehen in ihrer erbrechtsbezeugenden Funktion, siehe Reimann/Bengel/Mayer/ *Voit*, § 2231 BGB, Rn. 4.
236 S.o. 2. Teil, § 3 III.

§ 11 Anspruch auf Beurkundung gem. § 15 Abs. 1 S. 1 BNotO

Einfachgesetzlich ist der Anspruch auf Beurkundung in § 15 Abs. 1 S. 1 BNotO niedergelegt. Danach darf der Notar seine Urkundstätigkeit nicht ohne ausreichenden Grund verweigern. Dies liegt darin begründet, dass der Notar bei der Wahrnehmung seiner Zuständigkeiten auf dem Gebiet der vorsorgenden Rechtspflege staatliche Funktionen ausübt[237]. Ihm wird durch seine Bestellung ein Stück Staatsgewalt delegiert, nämlich die „Gewalt", beurkundungspflichtige Geschäfte gültig beurkunden zu können[238]. Der Staat müsste diese Aufgaben durch seine Behörden erfüllen, wenn er sie nicht den Notaren übertragen hätte[239]. Der Notar wird also nicht als Privater tätig. Er kann daher nicht frei darüber entscheiden, ob er ein ihm angetragenes Geschäft übernehmen will oder nicht[240]. Nachdem § 56 Abs. 4 BeurkG die bis dahin bestehenden Doppelzuständigkeiten auf dem Gebiet des Beurkundungswesens – der Gerichte und der Notare nebeneinander – weitgehend beseitigt hat, haben die Notare auf diesem Gebiet die nahezu ausschließliche Zuständigkeit[241]. Durch die Neufassung von § 2231 Nr. 1 BGB ist für die Beurkundung eines ordentlichen öffentlichen Testaments die ausschließliche Zuständigkeit des Notars begründet worden[242]. Gleiches gilt für die Beurkundung von Erbverträgen, § 2276 Abs. 1 BGB. Der Notar muss dem Antrag auf Durchführung eines Beurkundungsverfahrens deshalb grundsätzlich entsprechen[243]. Da der Notar hoheitlich tätig wird, entsteht zwischen dem Notar und dem Antragsteller ein öffentlich-rechtliches Rechtsverhältnis[244], und dem Antragsteller steht ein subjektives öffentliches Recht auf eine ordnungsgemäße Durchführung des Beurkundungsverfahrens zu[245].

Die Ablehnung der Beurkundung ist deshalb rechtfertigungsbedürftig und nur ausnahmsweise zulässig, nämlich nur dann, wenn sie auf einen ausreichenden Grund gestützt werden kann, § 15 Abs. 1 S. 1 BNotO. Gem. § 11 Abs. 1 S. 1 BGB stellt die fehlende Geschäfts- und Testierfähigkeit einen ausreichenden

---

237 Arndt/Lerch/Sandkühler/*Sandkühler*, § 15 BNotO, Rn. 7; *Kanzleiter*, DNotZ 1993, 434 (435).
238 *Keim*, Teil B. 1. a), Rn. 6.
239 BVerfG DNotZ 1964, 424 (424).
240 Arndt/Lerch/Sandkühler/*Sandkühler*, § 15 BNotO, Rn. 7.
241 Arndt/Lerch/Sandkühler/*Sandkühler*, § 15 BNotO, Rn. 7, nach §§ 61-63 BeurkG bestehen anderweitige Beurkundungszuständigkeiten fort.
242 Soergel/*Mayer*, § 1 BeurkG, Rn. 6; bis zum 31. Dezember 1969 waren neben den Notaren die Gerichte zuständig, *Jansen*, Einl. BeurkG, Rn. 4.
243 Arndt/Lerch/Sandkühler/*Sandkühler*, § 15 BNotO, Rn. 7; *Jansen*, § 4 BeurkG, Rn. 1.
244 Schippel/Bracker/*Reithmann*, § 15 BNotO, Rn. 18.
245 Arndt/Lerch/Sandkühler/*Sandkühler*, § 15 BNotO, Rn. 10.

§ 11 Anspruch auf Beurkundung gem. § 15 Abs. 1 S. 1 BNotO 71

Grund im Sinne des § 15 Abs. 1 S. 1 BNotO für eine Beurkundungsablehnung dar und bildet demzufolge eine Ausnahme von der Pflicht zur Beurkundung. Die § 15 Abs. 1 S. 1 BNotO zugrunde liegende Amtspflicht des Notars wird oftmals mit dem Schlagwort „Urkundsgewährungspflicht" bezeichnet und mit der Justizgewährungspflicht des Staates verglichen[246] bzw. – noch weitergehender – handele es sich bei dem Anspruch auf Urkundsgewährung gegen den Notar um eine besondere Ausprägung des allgemeinen Justizgewährungsanspruchs[247]. Dem ist nicht zuzustimmen. Der allgemeine Justizgewährungsanspruch wird aus dem Rechtsstaatsprinzip hergeleitet[248]. Die grundgesetzliche Garantie des Rechtsschutzes und der Justizgewährung umfasst dabei den Zugang zu den Gerichten, die Prüfung des Streitbegehrens in einem förmlichen Verfahren sowie die verbindliche gerichtliche Entscheidung[249]. Danach betrifft der Justizgewährungsanspruch die streitige Gerichtsbarkeit, während der Notar auf dem Gebiet der freiwilligen Gerichtsbarkeit im Rahmen der vorsorgenden Rechtspflege tätig wird. Folglich kann die Pflicht zur Durchführung des Beurkundungsverfahrens keine Ausprägung des Justizgewährungsanspruchs sein. Der Notar prüft auch nicht ein Streitbegehren, sonder wirkt an der Gestaltung und Verwirklichung privater Rechte durch rechtskundige Beratung und Belehrung mit[250]. Das Beurkundungsverfahren endet demzufolge nicht mit einer verbindlichen Entscheidung, sondern ggf. mit einer notariellen Niederschrift, die das von den Parteien Gewollte wieder gibt. Aber selbst eine Urkunde in der papierenen Form der notariellen Niederschrift kann nicht beansprucht werden, sondern nur die ordnungsgemäße Durchführung eines Beurkundungsverfahrens. Ob das Verfahren mit einer Urkunde endet, kann nicht garantiert werden, sondern ist von einer Vielzahl von Umständen abhängig[251], so dass die Verwendung des Begriffes „Urkundsgewährungspflicht" missverständlich ist. Der Beurkundungsanspruch und

---

246 Arndt/Lerch/Sandkühler/*Sandkühler*, § 15 BNotO, Rn. 7; Schippel/Bracker/*Reithmann*, § 15 BNotO, Rn. 17/18; *Nachreiner*, MittBayNot 2001, 356 (356), der sich mit der Ablehnungspflicht und dem Umfang der Aufklärungspflicht des Notars bei möglicher Sittenwidrigkeit von Eheverträgen befasst; *Winkler*, MittBayNot 1998, 141 (141), der sich damit befasst, wie sich der Notar verhalten soll, wenn sich nachträglich herausstellt, dass das beurkundete Rechtsgeschäft von Anfang an einem Mangel leidet oder die Vertragserfüllung nachträglich beanstandet wird. In den beiden zuletzt genannten Beiträgen wird zum Beurkundungsanspruch lediglich ausgeführt, dass der Notar die Beurkundung grundsätzlich nicht ablehnen darf.
247 *Ritter*, NotBZ 2009, 91 (93), der die Frage behandelt, ob der Notar an die Grundrechte unmittelbar gebunden ist und deshalb die Grundrechtswidrigkeit der gewollten Regelung den Notar zur Ablehnung der Beurkundung verpflichtet.
248 BVerfGE 93, 99 (107).
249 BVerfG FamRZ 2003, 995 (995/996).
250 Keidel/*Winkler*, Einl. BeurkG, Rn. 24.
251 Eylmann/Vaasen/*Frenz*, § 15 BNotO, Rn. 6.

der Justizgewährungsanspruch sind somit nur insoweit vergleichbar, als dass beide Ansprüche öffentlich-rechtlicher Art sind.

§ 12 Ablehnungspflicht gem. § 11 Abs. 1 S. 1 BeurkG als rechtfertigungsbedürftige Ausnahme zum Beurkundungsanspruch

I. Regelungsinhalt des § 11 Abs. 1 S. 1 BeurkG

§ 11 Abs. 1 S. 1 BeurkG ist eine allgemein zu beachtende Vorschrift für die Beurkundung von Willenserklärungen. Fehlt nach der Überzeugung des Notars die erforderliche Geschäftsfähigkeit, so soll er die Beurkundung gem. § 11 Abs. 1 S. 1 BeurkG ablehnen.

Das BeurkG enthält drei spezielle Vorschriften, die, als Versagungsgebot formuliert, den Notar zur Ablehnung der Beurkundung verpflichten: § 3 BeurkG (Mitwirkungsverbot in eigenen Angelegenheiten und Angelegenheiten von Angehörigen), 11 Abs. 1 S. 1 BeurkG (Fehlen der Geschäftsfähigkeit), 40 Abs. 1 BeurkG (Beglaubigungsverbot, wenn die Unterschrift nicht in Gegenwart des Notars vollzogen oder anerkannt wurde) sowie zusätzlich das allgemeine Versagungsgebot nach § 4 BeurkG (Unvereinbarkeit mit den Amtspflichten, insbesondere wenn erkennbar unerlaubte oder unredliche Zwecke verfolgt werden). Diese zwingenden Versagungsgebote begründen immer einen „ausreichenden Grund" im Sinne des § 15 Abs. 1 S. 1 BNotO, die Amtsausübung zu verweigern.

Während § 4 BeurkG tatbestandlich die Unvereinbarkeit der Beurkundung mit den Amtspflichten des Notars voraussetzt, damit die Rechtsfolge des § 4 BeurkG (Pflicht zur Amtsverweigerung) eintritt, enthält § 11 Abs. 1 S. 1 BeurkG einen speziellen Ablehnungsgrund. § 11 Abs. 1 S. 1 BeurkG konkretisiert somit § 4 BeurkG[252], der wiederum für Beurkundungen lex specialis zu § 14 Abs. 2 BNotO ist[253].

II. Beschwerde gegen die Ablehnung gem. § 15 Abs. 2 BNotO

Gegen die Ablehnung der Beurkundung ist die Beschwerde nach § 15 Abs. 2 S. 1 BNotO gegeben. Zuständig für das Beschwerdeverfahren ist gem. § 15 Abs. 2 S. 2 BNotO das Landgericht. Der Umfang der Prüfungsbefugnis des Be-

---
252 Keidel/*Winkler*, § 11 BeurkG, Rn. 9; *Jansen*, § 11 BeurkG, Rn. 5.
253 Soergel/*Mayer*, § 4 BeurkG, Rn. 1.

§ 12 Ablehungspficht gem. § 11 Abs. 1 S. 1 BeurkG 73

schwerdegerichts ist dabei umstritten. Nach einer Entscheidung des BGH aus dem Jahr 1970 hat das Beschwerdegericht zu prüfen, ob die Amtsverweigerung nach den Maßstäben der Rechts- und Sittenordnung auf vertretbaren Erwägungen beruht und nicht etwa willkürlich oder rechtsmissbräuchlich ist[254]. Teile der Literatur differenzieren zwischen den Fällen, in denen der Notar zur Amtsverweigerung verpflichtet ist – in diesen Fällen soll eine umfassende Prüfung durch das Beschwerdegericht möglich sein –, und den Fällen einer nur fakultativ möglichen Amtsverweigerung, in denen lediglich eine Überprüfung auf Ermessensfehler des Notars bei seiner Entscheidung erfolgen soll[255]. Nach anderer Ansicht besteht eine umfassende Überprüfungspflicht des Beschwerdegerichts. Dies habe das gesamte Sach- und Rechtsverhältnis, wie es sich zum Zeitpunkt der Entscheidung des Beschwerdegerichts darstellt, zu berücksichtigen[256]. Aktuellen landgerichtlichen Entscheidungen ist eine eingeschränkte Überprüfungspflicht nicht zu entnehmen[257].

Tatsächlich tritt – wie auch in allen anderen Fällen der Beschwerde im Verfahren der freiwilligen Gerichtsbarkeit – an die Stelle des Notars in vollem Umfang das Beschwerdegericht ein und hat daher auf der Grundlage des Sach- und Rechtsverhältnisses im Zeitpunkt seiner Entscheidung, ggf. auch unter Berücksichtigung neuer Tatsachen, zu entscheiden. Der Notar hat dabei die Stellung einer 1. Instanz[258].

---

254 BGH DNotZ 1970, 444 (446).
255 Arndt/Lerch/Sandkühler/*Sandkühler*, § 15 BNotO, Rn. 113/114.
256 Eylmann/Vaasen/*Frenz*, § 15 BNotO, Rn. 45; Schippel/Bracker/*Reithmann*, § 15 BNotO, Rn. 93.
257 LG Stuttgart, 1. Zivilkammer, Entscheidung v. 23.11.2002, Az.: 1 T 36/01; http://www.juris.de/jportal/portal/t/19eg/page/jurisw.psml?doc.hl=1&doc.id=KORE433602002%3Ajurisr02&documentnumber=1&numberofresults=1&showdoccase=1&doc.part=K&paramfromHL=true#focuspoint; LG Rostock, 2. Zivilkammer, Entscheidung v. 29.07.1998, Az.: 2 T 106/98, http://www.juris.de/jportal/portal/t/19fc/page/jurisw.psml?doc.hl=1&doc.id=KORE417292000%3Ajuris-r01&documentnumber=1&numberofresults=1&showdoccase=1&doc.part=K&paramfromHL=true#focuspoint.
258 Eylmann/Vaasen/*Frenz*, § 15 BNotO, Rn. 45/46.

III. Zur Vorgehensweise in schwierig zu beurteilenden Fällen

1. Restriktive Auslegung des § 11 Abs. 1 S. 1 BeurkG durch die Literatur[259]

§ 32 Abs. 2 der damals geltenden Dienstordnung für Notare (DOfNot) vom 5.6.1937 lautete: „Überzeugt sich der Notar, dass ein Beteiligter die erforderliche Geschäftsfähigkeit nicht besitzt, so hat er die Beurkundung abzulehnen. Bleibt er im Zweifel, so hat er dies in der Niederschrift festzustellen"[260]. Zu § 32 Abs. 2 DOfNot wurde die Auffassung vertreten, dass der Notar beurkunden soll, auch wenn er den Testator für geisteskrank hält[261].

Heute wird überwiegend die Auffassung vertreten, dass die Ablehnung der Beurkundung auf jede „vernünftige Zweifel" ausschließende Ausnahmefälle zu beschränken sei[262]. Dieser Ausnahmefall soll gegeben sein, wenn der Erblasser in Agonie liegt oder wenn eine Verständigung mit ihm nicht mehr möglich ist[263]. Im Regelfall solle der Notar unter Schilderung seiner Wahrnehmungen und Zweifel die Beurkundung vornehmen[264]. Unter diesem Gesichtspunkt wird gegenwärtig die Empfehlung „in dubio pro testamente" ausgesprochen[265].

---

259 Soweit ersichtlich, ist in der Rechtsprechung keine Entscheidung ergangen, die einen Amtshaftungsanspruch gegenüber dem Notar der nicht zum Zuge gekommenen Erben wegen einer ungerechtfertigten Ablehnung aufgrund fälschlich angenommener Geschäfts- und Testierunfähigkeit behandeln. Die Entscheidung des OLG Oldenburg DNotZ 1974, 19 (20) betrifft einen Amtshaftungsanspruch wegen Verletzung der Pflicht aus § 28 BeurkG. Dort wird eine Amtspflichtverletzung bejaht, weil der Notar erkennbare Symptome nicht wahrgenommen und diese nicht vermerkt hatte. In der Entscheidung des OLG Celle, MittBayNot 2008, 492 ff. wandte sich der Notar gegen eine Disziplinarverfügung und die sie bestätigende Beschwerdeentscheidung. Dort wird eine Pflichtverletzung des Notars angenommen, weil er die Geschäfts- und Testierunfähigkeit des Beteiligten hätte erkennen und die Beurkundung deshalb ablehnen oder zumindest Zweifel hätte vermerken müssen.
260 DJ 1937, S. 847.
261 Staudinger/*Firsching*, 10./11. Auflage 1960, § 2241a BGB, Rn. 16 unter Hinweis auf *von Dassel*, Das Recht 1917, 329 (329). In der 12. Auflage (1983) vertrat Firsching diese Auffassung weiterhin zu § 11 BeurkG, Rn. 10.
262 Armbrüster/Preuss/Renner/*Renner*, § 11 BeurkG, Rn. 15; *Jansen*, § 11 BeurkG, Rn. 5; MünchKomm/*Hagena*, § 28 BeurkG, Rn. 19; Reimann/Bengel/Mayer/*Limmer*, § 11, Rn. 14; *Jerschke*, ZEV 1994, 303 (305); Nieder/Kössinger/*Kössinger*, § 7, Rn. 26; Eylmann/Vaasen/*Limmer*, § 11 BeurkG, Rn. 5 („letztliche Überzeugung").
263 Lediglich Nieder/Kössinger/*Kössinger*, § 7, Rn. 26 benennt diese Ausnahmefälle.
264 Lichtenwimmer, MittBayNot 2002, 240 (244).
265 *Jerschke*, ZEV 1994, 303 (305); Nieder/Kössinger/*Kössinger*, § 7, Rn. 26.

§ 12 Ablehungspficht gem. § 11 Abs. 1 S. 1 BeurkG

Für diese restriktive Auslegung des § 11 Abs. 1 S. 1 BeurkG wird angeführt:
- durch eine zu Unrecht erfolgte Ablehnung werde der Betroffene in seiner verfassungsrechtlich garantierten Testierfreiheit beeinträchtigt[266],
- es sei nicht Aufgabe des Notars, über die Geschäftsfähigkeit abschließend und unter Umständen irreparabel zu entscheiden[267],
- durch die Beurkundung einer letztwilligen Verfügung, die sich später wegen Geschäftsunfähigkeit des Testierenden als unwirksam erweise, könne niemand geschädigt werden, wohl aber durch eine Verweigerung der Beurkundung, wenn der Notar zu Unrecht von Geschäftsunfähigkeit ausgegangen sei[268].

Bevor untersucht werden kann, ob diese Argumente der Literatur für eine Beurkundungspflicht sprechen, sind zunächst die Fälle, bei denen diese Entscheidung zu treffen ist, einzugrenzen.

2. Eingrenzung der Fälle

Ursache der Empfehlung „in dubio pro testamente" sind offensichtlich die Schwierigkeiten, wie sich der Notar die erforderliche Überzeugung von der fehlenden Geschäfts- und Testierfähigkeit bilden soll. Dabei ist die Empfehlung „in dubio pro testamente", also „im Zweifel für das Testament", etwas missverständlich. Diese Empfehlung steht bereits im Gesetz. Zweifelt der Notar lediglich an der Testierfähigkeit, dann muss er unter Dokumentation seiner Zweifel beurkunden, vgl. § 11 Abs. 1 S. 2 BeurkG. Gemeint ist wohl: „Im Zweifel zwischen einer Ablehnung der Beurkundung oder einer Beurkundung unter Dokumentation von Zweifeln und Wahrnehmungen, für die Durchführung der Beurkundung".

Dieser Empfehlung, zu beurkunden, bedarf es nicht für Extremfälle, in denen die Geschäfts- und Testierfähigkeit offensichtlich fehlt, etwa wenn der Beteiligte vollständig desorientiert ist oder keine Fragen richtig beantworten kann. Diese Extremfälle wird der Notar unschwer erkennen. Dann wird jedoch bereits das Beurkundungsverfahren nicht mehr ordnungsgemäß durchführbar sein, so dass die Beurkundung schon aus anderen Gründen scheitert, etwa weil eine Erforschung des wahren Willens ausgeschlossen ist. Die Empfehlung „in dubio pro

---

266 Soergel/*Mayer*, § 28 BeurkG, Rn. 4; Reimann/Bengel/Mayer/*Limmer*, § 11 BeurkG, Rn. 14.
267 Reimann/Bengel/Reimann/*Limmer*, § 11 BeurkG, Rn. 14; Soergel/*Mayer*, § 11 BeurkG, Rn. 4; *Jansen*, § 11 BeurkG, Rn. 5; MünchKomm/*Hagena*, § 28 BeurkG, Rn. 20; so auch *Jerschke*, ZEV 1994, 303 (305): „Der Notar solle die Bedachten nicht um ihre Chance bringen, dass sich die Zweifel später als unbegründet erweisen".
268 Nieder/Kössinger/*Kössinger*, § 7; Rn. 26; *Zimmermann*, BWNotZ 2000, 97 (103).

testamente" bezieht sich vielmehr auf Fälle, in denen Auffälligkeiten für eine nicht vorhandene Geschäfts- und Testierfähigkeit vorliegen, die Beurteilung, ob die Voraussetzungen für Geschäfts- und Testierunfähigkeit vorliegen, dem Notar aber Schwierigkeiten bereitet. Dabei ist zu beachten, dass es sich um Fälle handelt, die sich selbst dem Notar als Laien aufdrängen, diese also einen bestimmten Schweregrad erreicht haben und deshalb aus Sicht des Notars eine gewisse Wahrscheinlichkeit dafür spricht, dass Geschäfts- und Testierunfähigkeit vorliegt.

3. Zur Vereinbarkeit der Ablehnungspflicht mit der durch Art. 14 Abs. 1 S. 1 GG garantierten Testierfreiheit

Zunächst ist das Argument, dass eine zu Unrecht erfolgte Ablehnung den Betroffenen in seiner verfassungsrechtlich garantierten Testierfreiheit beeinträchtige, näher zu untersuchen.

In seinem Beschluss vom 19.1.1999 führt das Bundesverfassungsgericht aus, dass der Gestaltungsspielraum der Testierfreiheit durch den Gesetzgeber nicht unbeschränkt sei. Der Gesetzgeber habe bei der näheren Ausgestaltung des Erbrechts den grundlegenden Gehalt der verfassungsrechtlichen Gewährleistung zu wahren und müsse sich im Einklang mit allen anderen Verfassungsnormen halten. Der Gesetzgeber dürfe das in der Testierfreiheit enthaltene Selbstbestimmungsrecht zwar konkretisieren, nicht aber unverhältnismäßig beschränken[269]. Auf dieser Grundlage hat das Bundesverfassungsgericht entschieden, dass der generelle Ausschluss schreibunfähiger Stummer von jeder Testiermöglichkeit eine unverhältnismäßige Beschränkung der von Art. 14 Abs. 1 GG gewährleisteten Erbrechtsgarantie darstellt. „Die Anwendung der Formvorschriften auf schreibunfähige Stumme dient einerseits der Rechtssicherheit und andererseits dem Schutz nicht selbstbestimmungsfähiger Menschen. Die Anwendung der Formvorschriften auf schreibunfähige Stumme stellt sich aber nur dann als erforderlich dar, wenn sich die vom Gesetzgeber zugrunde gelegte Sachverhaltsannahme als vertretbar erweist, dass eine hinreichend gesicherte Verständigung mit dem schreibunfähigen Stummen nicht möglich ist oder dass ihm das für die Testamentserrichtung benötigte geistige Verständnis fehlt"[270].

Dieser Aussage des Bundesverfassungsgerichts ist zu entnehmen, dass der durch den Gesetzgeber in den §§ 2229 Abs. 4 und §§ 2275 Abs. 1, 104 Nr. 2 BGB getroffene Ausschluss von Personen, denen infolge einer geistigen Erkrankung die für die Abgabe einer Willenserklärung erforderliche Einsichts- und

---

269 BVerfGE 99, 341 (352).
270 BVerfGE 99, 341 (354).

§ 12 Ablehungspficht gem. § 11 Abs. 1 S. 1 BeurkG

Handlungsfähigkeit fehlt, verfassungsgemäß ist, nämlich bereits kein Eingriff in die Testierfreiheit vorliegt, wenn die Selbstbestimmungsfähigkeit tatsächlich fehlt. Umgekehrt wird also in das Freiheitsgrundrecht aus Art. 14 Abs. 1 S. 1 GG verfassungswidrig eingegriffen, wenn die selbstbestimmte Entscheidung des Grundrechtsinhabers missachtet wird.

Demzufolge greift der Notar, nimmt er irrtümlich Geschäfts- und Testierunfähigkeit an und lehnt deshalb gem. § 11 Abs. 1 S. 1 BeurkG die Beurkundung ab, verfassungswidrig in die Testierfreiheit ein. Dies wirft die Frage auf, ob § 11 Abs. 1 S. 1 BeurkG den verfassungsrechtlichen Anforderungen gerecht wird, denn auf den ersten Blick scheint die Gefahr eines verfassungswidrigen Eingriffs vermieden zu werden, wenn der Notar stets beurkundet.

a) Wirkung des Art. 14 Abs. 1 S. 1 GG auf die Ausgestaltung des Beurkundungsverfahrens durch den Notar – Grundrechtsverwirklichung und Grundrechtssicherung durch Verfahren

Weder legt § 11 Abs. 1 S. 1 BeurkG Kriterien fest, wann die Geschäftsfähigkeit fehlt, noch ist § 11 Abs. 1 S. 1 BeurkG eine Formvorschrift, die mittelbar einen Fall der Geschäftsunfähigkeit regelt[271]. Es handelt sich bei der Vorschrift des § 11 Abs. 1 S. 1 BeurkG damit um keine Inhalts- oder Schrankenbestimmung, die dem Gesetzesvorbehalt nach Art. 14 Abs. 1 S. 2 GG unterliegt. Vielmehr ist § 11 Abs. 1 S.1 BeurkG eine die §§ 104 ff., 2229 BGB ausgestaltende Verfahrensvorschrift.

Diese Vorschrift verpflichtet den Notar, die Beurkundung abzulehnen, wenn die Selbstbestimmungsfähigkeit fehlt. § 11 Abs. 1 S. 1 BeurkG setzt damit die fehlende Selbstbestimmung voraus. Diese Personen sind von vornherein von der Testamentserrichtung und dem Abschluss eines Erbvertrages in verfassungsgemäßer Weise ausgeschlossen. Ist der Beteiligte geschäfts- und testierunfähig, greift der Notar deshalb durch die Ablehnung der Beurkundung nicht in Art. 14 Abs. 1 S. 1 GG ein. Nimmt der Notar aber irrtümlich Testierunfähigkeit an, obwohl der Testierende doch selbstbestimmt handeln kann, greift er verfassungswidrig in die Testierfreiheit des Beteiligten ein. Aufgrund der Schwierigkeit der Beurteilung, ob der Beteiligte testierfähig ist oder nicht, besteht immer die Gefahr, dass der Beteiligte an seiner tatsächlich möglichen Selbstbestimmung gehindert wird und der Notar die Testierfreiheit verletzt. Die Möglichkeit eines derartigen Eingriffs durch den Notar stellt somit eine Gefährdung der grundrechtlich geschützten Testierfreiheit dar. Dies verpflichtet den Staat zu ihrem

---

271 Wie § 31 BeurkG alte Fassung.

Schutz im Vorfeld eines Eingriffes durch Organisation und Verfahren[272]. Anerkannt ist insofern, dass die materiellen Grundrechte in ihrem objektiv-rechtlichen Gehalt die Verfahrensgestaltung beeinflussen[273]. In dieser Funktion haben sie die Verwirklichung und Sicherung der Grundrechte durch eine bestimmte Gestaltung des Verfahrens sicherzustellen. Der das Verfahrensrecht Anwendende hat das Verfahren entsprechend zu gestalten[274]. Die Regelung in § 11 Abs. 1 S. 1 BeurkG ist somit daran zu messen, ob sie das Grundrecht auf Testierfreiheit verfahrensrechtlich sichert.

Bisher ist allerdings eine Verallgemeinerung der Anforderungen, welche die jeweiligen Grundrechte an die Ausgestaltung des Verfahrens stellen, durch das Bundesverfassungsgericht nicht erfolgt[275].

Die Gefahr eines verfassungswidrigen Eingriffs in Art. 14 Abs. 1 S. 1 GG durch eine zu Unrecht erfolgte Ablehnung der Beurkundung resultiert daraus, dass das Beurkundungsgesetz im Grundsatz vorsieht, dass der Notar die Frage der Geschäfts- und Testierunfähigkeit selbst beurteilt, denn die in § 17 Abs. 1 S. 1 BeurkG statuierte Pflicht zur Sachverhaltsaufklärung erfolgt regelmäßig durch eine Erörterung zwischen dem Notar und den Beteiligten[276]. Den Notar trifft keine § 26 FamFG entsprechende Amtsermittlungspflicht; eine Beweiserhebung durch Einholung eines Sachverständigengutachtens schreibt das BeurkG nicht vor. Der Notar entscheidet somit in eigener Verantwortung, ob die erfor-

---

272 Vgl. BVerfGE 53, 30 (65 f.).
273 Grundlegend die Richter Simon und Heußner, BVerfGE 53, 30 (69 f.); weitere Nachweise bei *Bethge*, NJW 1982, 1 (1), Fn. 8.
274 BVerfGE 52, 214 (220), Vollstreckungsgericht; BVerfGE 53, 30 (65/66), Mühlheim-Kärlich/Genehmigungsbehörde; BVerfGE 69, 315 (355), Brokdorf/Genehmigungs-behörde.
275 BVerfGE 65, 1 (44), das aus Art. 2 Abs. 1 i.V.m. Art. 1 Abs. 1 GG abgeleitete Grundrecht auf informationelle Selbstbestimmung verpflichtet den Gesetzgeber nach dem Volkszählungsurteil, „verfahrensrechtliche Vorkehrungen zu treffen, welche der Gefahr einer Verletzung des Persönlichkeitsrechts entgegenwirken". Aus Art. 2 Abs. 2 GG hat es die Pflicht zu einer Verfahrensgestaltung hergeleitet, die eine Verletzung der durch dieses Grundrecht geschützten Rechtsgüter tunlichst ausschließt, BVerfGE 51, 324 – Verhandlungsunfähigkeit und BVerfGE 52, 214 (219) – Räumungsschutz. Aus Art. 16 Abs. 2 GG hat das BVerfG eine Verfahrensgestaltung gefordert, die auf einen bestmöglichen Schutz des Grundrechts aus Art. 16 Abs. 2 GG hinwirkt, Durchführung weiterer Beweiserhebungen notwendig, BVerfGE 52, 391 (408). Bei Art. 14 Abs. 1 S. 1 GG hat es vor allem das Recht des Eigentümers auf Verfolgung und Durchsetzung seiner Interessen betont, BVerfGE 61, 82 (109 f.) im Mietrecht; BVerfGE 51, 150 (156) im Zwangsversteigerungsrecht. In seiner Entscheidung zu heimlichen Vaterschaftstests hat das BVerfG ausgeführt, dass es der Gestaltungsfreiheit des Gesetzgebers überlassen bleibe, in welcher er einen Verfahrensweg eröffne, der dem Recht auf Kenntnis und Feststellung der Abstammung aus Art. 2 i.V.m. Art. 1 Abs. 1 GG zur Verwirklichung verhelfe, BVerfGE 117, 202 (242).
276 *Lerch*, § 17 BeurkG, Rn. 9.

§ 12 Ablehungspficht gem. § 11 Abs. 1 S. 1 BeurkG

derliche Geschäftsfähigkeit nach seiner Überzeugung fehlt. Wie sich der Notar die Überzeugung verschafft, liegt dabei in seinem pflichtgemäßen Ermessen[277]. Das Bundesverfassungsgericht hat in seinem Beschluss vom 19.1.1999 zur Testiermöglichkeit eines schreibunfähigen Stummen das Problem des „Irrtumsrisikos" bei der Beurteilung der Testierfähigkeit bei dieser Personengruppe gesehen. Erwähnenswert ist, dass das Bundesverfassungsgericht weiterhin von einer Beurteilungspflicht der Testierfähigkeit eines schreib- und sprechunfähigen Erblassers durch den Notar ausgeht. Im Hinblick auf eine Neuregelung der für verfassungswidrig erklärten §§ 2232, 2233 BGB, 31 BeurkG, die den Testierausschluss schreib- und sprechunfähiger Personen regeln, hat das Bundesverfassungsgericht lediglich angeregt, bei schreib- und sprechunfähigen Personen zur Beurteilung der Testierfähigkeit die Beiziehung eines Arztes zwingend vorzuschreiben. „Aufgrund dieser Möglichkeiten lässt sich das Irrtumsrisiko so weit reduzieren, dass das Argument der Rechtssicherheit den Ausschluss schreib- und sprechunfähiger Personen von der Testierung nicht zu rechtfertigen vermag"[278].

Vor dem Hintergrund dieser Anregung des Bundesverfassungsgerichts an den Gesetzgeber wird man als von Art. 14 Abs. 1 GG geforderte Minimalanforderung daher zu verlangen haben, dass die Vorschriften des Beurkundungsgesetzes dem Notar die Handhabe bieten, das Beurkundungsverfahren so auszugestalten, dass das Risiko einer Fehlbeurteilung zumindest reduziert werden kann.

Als erstes ist an die Hinzuziehung eines Arztes zu denken. Bei einer Beurkundung im Krankenhaus ist es denkbar, dass der Notar Erkundigungen bei dem behandelnden Stations- oder Oberarzt einholt und dessen Erklärungen mit Angabe des Namens in der Niederschrift vermerkt. Zwar sieht das Beurkundungsgesetz diese Vorgehensweise nicht ausdrücklich vor, steht ihr aber auch nicht entgegen. Allerdings soll die Beurkundung nur in Ausnahmefällen außerhalb der Geschäftsräume, beispielsweise im Krankenhaus, Pflegeheim oder der Unfallstelle stattfinden. In der Regel soll der Notar die Amtsgeschäfte in seiner Geschäftsstelle vornehmen[279]. Im Normalfall findet die Beurkundung also in den Kanzleiräumen des Notars statt, und dort wird ein Arzt nicht in der Nähe sein.

Ist dem Notar bereits im Vorfeld bekannt, dass der Beteiligte geschäfts- und testierunfähig sein kann, bietet es sich an, dem Beteiligten zu empfehlen, sich selbst vorsorglich um ein ärztliches Attest zu kümmern. Dabei sollte es sich vorzugsweise um einen Facharzt für Psychiatrie handeln. Das Attest gilt gem. § 9

---

277 Soergel/*Mayer*, § 11 BeurkG, Rn. 4; MünchKomm/*Hagena*, § 28 BeurkG, Rn. 17; Eylmann/Vaasen/*Limmer*, § 11 BeurkG, Rn. 4.
278 BVerfGE 99, 341 (355). Indes hat der Gesetzgeber von dieser Anregung des BVerfG – in seinem ihm durch das BVerfG zugebilligten weiten Gestaltungsspielraum – keinen Gebrauch gemacht, vgl. § 24 BeurkG i.V.m. § 22 BeurkG.
279 OLG Celle NJW-RR 1996, 632 (632).

Abs. 1 S. 2 BeurkG als in der Niederschrift selbst enthalten. Bei erheblichen Zweifeln kann der Beteiligte gebeten werden, ein Gutachten – auch im eigenen Interesse, damit das Testament später nicht wegen Testierunfähigkeit angegriffen wird – einzuholen.

Ferner kann der Notar anregen, zwei Zeugen oder einen zweiten Notar zuzuziehen, § 29 S. 1 BeurkG.

Ergeben sich für den Notar allerdings erst – wie regelmäßig – während der Beurkundungsverhandlung Zweifel an der Geschäfts- und Testierfähigkeit, kann er das Beurkundungsverfahren zwecks Einholung eines Attests oder Gutachtens unterbrechen. Das Beurkundungsgesetz enthält keine Regelungen über das Erfordernis einer Einheitlichkeit der Beurkundungsverhandlung. Es ist daher anerkannt, dass eine Unterbrechung der Verhandlung zulässig ist[280]. Denkbar ist es auch, dass der Notar selbst – im Einverständnis mit dem Beteiligten – mit Hilfe von psychopathologischen Kurztests, beispielsweise des Mini-Mental-Status-Test zur Feststellung des Schweregrads einer Demenzerkrankung[281], das Risiko eines Irrtums verringert.

Die Unterbrechung der Beurkundungsverhandlung kommt nur dann nicht in Betracht, wenn zu befürchten ist, dass der Beteiligte alsbald stirbt. Vermag der Notar in diesem Fall nicht mit hinreichender Sicherheit selbst zu beurteilen, ob die Geschäfts- und Testierfähigkeit fehlt, kann der Notar einen verfassungswidrigen Grundrechtseingriff durch eine zu Unrecht erfolgte Ablehnung dadurch vermeiden, dass er unter Dokumentation seiner Wahrnehmungen und Zweifel beurkundet und damit den Weg einer nachträglichen gerichtlichen Klärung der Frage mit einer umfassenden Beweisaufnahme offen lässt.

Das Beurkundungsgesetz bietet dem Notar somit die Möglichkeit, die Geschäfts- und Testierunfähigkeit durch Erkundigungen bei sachverständigen Dritten und/oder durch die Verwendung von Tests weiter aufzuklären, und damit die Handhabe, das Beurkundungsverfahren so auszugestalten, dass das Risiko einer Fehlbewertung zumindest reduziert wird.

---

280 Wenn der Notar die Beurkundung unterbricht, weil er eine weitere Sachverhaltsaufklärung für geboten hält, stellt dies keine Amtsverweigerung, sondern eine verfahrensleitende Maßnahme dar, zu der der Notar als Rechtspflegeorgan wie der Richter befugt ist, Keidel/*Winkler*, Einl. BeurkG, Rn. 28 und § 4 BeurkG, Rn. 7.
281 Dies wird von *Stoppe*, DNotZ 2005, S. 806 f. vorschlagen. Ablehnend Müller, DNotZ 2006, S. 325 f. und ebenfalls ablehnend aus psychiatrischer Sicht *Cording/Foerster*, DNotZ 2006, S. 329 f.. Der Mini-Mental-State Examination (MMSE) findet sich in deutscher Sprache in: *Bach/Hoffmann/Nikolaus*, S. 34/35.

§ 12 Ablehungspficht gem. § 11 Abs. 1 S. 1 BeurkG 81

b) Ergebnis

§ 11 Abs. 1 S. 1 BeurkG wird den verfassungsrechtlichen Anforderungen des Art. 14 Abs. 1 S. 1 GG gerecht.

4. Gefahr der irreparablen Folgen

a) Möglichkeiten des Beteiligten im Falle einer Beurkundungsablehnung

Lehnt der Notar die Beurkundung ab, hat der Testator die Möglichkeit, Beschwerde gem. § 15 Abs. 2 S. 1 BNotO einzulegen, privatschriftlich zu testieren oder einen anderen Notar – der weniger strenge Anforderungen stellt – aufzusuchen. Grundsätzlich ist die Entscheidung des Notars somit reparabel[282].

Da eine Verfügung von Todes wegen jedoch oftmals zu einem Zeitpunkt errichtet wird, in dem sich mit der Erbfolge auseinandergesetzt werden muss und der Erbfall damit absehbar ist (auch um das Testament nicht mehr ändern zu müssen), besteht bei Verfügungen von Todes wegen die Gefahr, dass der Testator stirbt, bevor er von einer der oben genannten Möglichkeiten Gebrauch machen konnte. Öffentliche Testamente werden auch deshalb erst kurz vor dem Ableben errichtet, um eine doppelte Kostenbelastung zu vermeiden[283]. Richtig ist, dass die Ablehnung der Beurkundung dann irreparabel ist. Gleichwohl dürfte diese Fallgestaltung die Ausnahme sein. Somit wird die Entscheidung des Notars, die Beurkundung abzulehnen, regelmäßig reparabel sein.

b) Ergebnis

Die „irreparable Entscheidung" ist ein Ausnahmefall, die Gefahr einer irreparablen Entscheidung im Falle der Beurkundungsablehnung ist somit gering. Das Argument der Gefahr einer irreparablen Entscheidung lässt sich somit nicht dafür anführen, dass der Notar in schwierig gelagerten Fällen die Beurkundung regelmäßig vornehmen muss.

5. Schadensvermeidung

Die sich im Hinblick auf das Argument der Schadensvermeidung stellende Frage, ob ein Schaden im Falle der zu Unrecht erfolgten Verweigerung der Beur-

---

282 S.o. 4. Teil, § 12 III. 3. a).
283 MünchKomm/*Hagena*, § 28 BeurkG, Rn. 1.

kundung irreparabel ist, betrifft somit von vornherein den Ausnahmefall, dass der Testator unmittelbar danach verstirbt.

a) 1. Fall: Verweigerung der Beurkundung, obwohl Beteiligter testierfähig

Verweigert der Notar die Beurkundung zu Unrecht und stirbt der Testator daraufhin, ohne vorher erneut – ggf. privatschriftlich – testiert zu haben, gelangen die potenziellen Erben nicht zur Erbfolge. In Betracht kommt dann ein Anspruch der potenziellen Erben auf Schadensersatz aus Amtshaftung nach § 19 Abs. 1 S. 1 BNotO i.V.m. § 839 Abs. 1 BGB. Nach der Rechtsprechung – dies betrifft die Frage der erforderlichen Drittbezogenheit der Amtspflicht – haftet der Notar dem in Aussicht genommenen Testamentserben, der wegen unterlassener Beurkundung nicht Erbe werden konnte[284]. Als erstes müsste der potenzielle Erbe somit nachweisen, dass er als Erbe eingesetzt worden wäre. Auch die Beweislast für die Amtspflichtverletzung liegt beim Geschädigten[285]. Weiter müsste der potenzielle Erbe somit nachweisen, dass der Notar die Testamentsbeurkundung schuldhaft (vorsätzlich oder fahrlässig) unterlassen hat. Dies setzt neben dem Nachweis, dass der Erblasser nicht testierunfähig war, auch den Nachweis voraus, dass der Notar dies bei der gebotenen Sorgfalt hätte erkennen können. Angesichts des Umstandes, dass der Erblasser als Zeuge nicht mehr zur Verfügung steht, wird sowohl der Nachweis, dass der Geschädigte als Erbe eingesetzt worden wäre, als auch der Nachweis, dass der Erblasser doch nicht testierunfähig war und der Notar dies hätte erkennen können, kaum zu führen sein[286].

Ferner hat der BGH den Anspruch nach § 839 Abs. 3 BGB ausgeschlossen, wenn der *Erblasser* es schuldhaft unterlassen hat, den Schaden durch Gebrauch eines Rechtsmittels abzuwenden, wozu der BGH neben der förmlichen Beschwerde nach § 15 Abs. 2 S. 1 BNotO auch Gegenvorstellungen und Erinnerungen sowie mündliche Vorhaltungen zählt[287]. Danach wäre der Anspruch ausgeschlossen, wenn der Erblasser noch die Möglichkeit der Erinnerung hat, was immer dann anzunehmen ist, wenn der Erblasser nicht unmittelbar im Anschluss an die Beurkundungsablehnung stirbt.

Darüber hinaus richtet sich der Anspruch aus Amtspflichtverletzung grundsätzlich nicht auf Naturalrestitution gem. §§ 249 ff. BGB, sondern auf Geldersatz, weil andernfalls die ordentlichen Gerichte – nach Art. 34 S. 3 GG sind die ordentlichen Gerichte, und zwar gem. § 19 Abs. 3 BNotO die Landgerichte zu-

---

284 BGH NJW 1997, 2327 (2327); BGHZ 27, 274 (275); 31, 5 (10); 58, 343 (353).
285 Palandt/*Sprau*, § 839 BGB, Rn. 84.
286 Im Fall BGH NJW 1997, 2327 (2327) konnte der Nachweis der Erbeinsetzung erbracht werden, weil es ein Vorgespräch mit dem Notar im Beisein einer neutralen Zeugin gab.
287 BGH NJW 1997, 2327 (2329).

§ 12 Ablehungspficht gem. § 11 Abs. 1 S. 1 BeurkG 83

ständig – mit der Verurteilung zur Aufhebung eines schädigenden Aktes in die Zuständigkeit anderer Gerichte eingreifen würden[288]. Soweit dies allerdings nicht zutrifft, kann Naturalrestitution verlangt werden[289]. Ein Eingriff in die Zuständigkeit der Verwaltungsgerichtsbarkeit kommt bereits deshalb nicht in Betracht, weil nach § 15 Abs. 2 S. 2 BNotO ebenfalls das Landgericht über die Beschwerde gegen die Urkundsverweigerung entscheidet. Demnach kann grundsätzlich Naturalrestitution verlangt werden. Der Geschädigte ist so zu stellen, als hätte sich der Notar pflichtgemäß verhalten; vgl. § 249 Abs. 1 BGB. Hätte der Notar das Testament beurkundet, wäre gem. § 1922 Abs. 1 BGB das Vermögen des Erblassers kraft Gesetzes auf den oder die Erben übergegangen. Der Anspruch aus § 19 Abs. 1 S. 1 BNotO i.V.m. § 839 Abs. 1 BGB richtet sich somit auf die Übertragung des Nachlasses. Dies ist aber unmöglich, weil der Nachlass gem. § 1922 BGB mit Eintritt des Erbfalls kraft Gesetzes auf die gesetzlichen bzw. in einem früheren Testament bedachten Erben übergegangen ist. Gem. § 251 Abs. 1 BGB kann in diesem Fall wegen Unmöglichkeit der Naturalrestitution nur Geldentschädigung verlangt werden. Bei einer unterlassenen Erbeinsetzung entspricht der Vermögensschaden dann dem Nachlasswert.

Im Ergebnis tragen die in Aussicht genommenen Erben zum einen aufgrund der Beweisschwierigkeiten ein hohes Prozessrisiko, zum anderen führt der Anspruch auf Amtshaftung nicht dazu, dass die in Aussicht genommenen Erben so gestellt sind, als wenn sie testamentarisch bedacht worden wären.

Mithin ist ein Schaden bei einer zu Unrecht erfolgten Verweigerung der Beurkundung, wenn der Testator unmittelbar danach verstirbt, irreparabel.

b) 2. Fall: Beurkundung, obwohl Beteiligter testierunfähig

Beurkundet der Notar ein wegen Testierunfähigkeit unwirksames Testament, liegt die Angriffs- und Beweislast bei den gesetzlichen Erben bzw. zuvor eingesetzten testamentarischen Erben. Sie müssen dann zwar die Testierunfähigkeit beweisen, was mit einem hohen Prozessrisiko verbunden ist, grundsätzlich ist aber eine Korrektur möglich und der Schaden damit reparabel. Gelingt der Nachweis der Testierunfähigkeit, haben die im unwirksamen Testament eingesetzten Erben einen Schaden in Höhe des entgangenen Nachlasses sowie der den Klägern (testamentarischen Erben) zu erstattenden Prozesskosten und sind damit

---

288 Palandt/*Sprau*, § 839 BGB, Rn. 78.
289 Palandt/*Sprau*, § 839 BGB, Rn. 78.

wiederum auf einen Amtshaftungsanspruch auf Geldersatz gegenüber dem Notar angewiesen[290].

Richtig an dem Argument der Schadensvermeidung ist, dass im zweiten Fall eine Korrektur möglich ist und damit ein irreparabler Schaden vermieden werden kann, während im ersten Fall die Entscheidung des Notars irreparabel ist.

Das Argument der Schadensvermeidung überzeugt jedoch nicht, weil erstens der Schaden, der durch die Vornahme der Beurkundung, obwohl Testierunfähigkeit wahrscheinlich ist, vermieden werden soll, lediglich die Ausnahmefälle betrifft, in denen der Testierende nach der Beurkundungsablehnung verstirbt, ohne erneut testiert zu haben. Zweitens hat die Beurkundung eines sich im nachhinein als unwirksam herausstellendes Testament zur Folge, dass die gesetzlichen Erben das Risiko eines materiellen Schadens in Form von Prozesskosten eines erfolglosen Rechtsstreits oder Erbscheinverfahren tragen.

c) Ergebnis

Bei dem irreparablen Schaden, der vermieden werden soll, handelt es sich um Ausnahmefälle. Das Argument der Schadensvermeidung gebietet nicht die Vornahme der Beurkundung in schwierig zu beurteilenden Fällen.

6. Eigene Ansicht

In diesem Zusammenhang wird seitens der Literatur nicht auf das Verhältnis von Beurkundungspflicht und Beurkundungsablehnung eingegangen. Wenn die Beurkundungsablehnung die rechtfertigungsbedürftige Ausnahme zur grundsätzlichen Beurkundungspflicht bildet, dann würde dies für eine Beurkundungspflicht in den oben beschriebenen Fällen sprechen. Angeführt wurde, dass es nicht Aufgabe des Notars sei, irreparabel über die Geschäftsfähigkeit zu entscheiden, womit die Aufgabenverteilung von Notar und Richter angesprochen und näher zu untersuchen ist. Letztlich ist bei der Argumentation der Literatur auch der wesentliche Zweck des Erfordernisses der notariellen Beurkundung, die Beratungs- und Betreuungsfunktion des Notars[291], außer Betracht geblieben. Auch dies würde für eine Beurkundungspflicht sprechen.

---

290 OLG Oldenburg DNotZ 1974, 19 (20): Haftung des Notars für die dem unwirksam eingesetzten Erben entstandenen Prozess- und Vollstreckungskosten aus dem Rechtsstreit der gesetzlichen Erben gegen ihn, weil der Notar erkennbare Symptome für Testierunfähigkeit nicht wahrgenommen und diese nicht vermerkt hatte. Der unwirksam eingesetzte Erbe durfte deshalb darauf vertrauen, dass keine Zweifel an der Testierfähigkeit bestanden; Haug/Zimmermann/*Zimmermann*, Rn. 46, geschützte Person ist der im notariellen Testament unwirksam eingesetzte Erbe.
291 Reimann/Bengel/Mayer/*Reimann*, § 17 BeurkG, Rn. 4.

§ 12 Ablehungspficht gem. § 11 Abs. 1 S. 1 BeurkG

a) Zur Beurkundungsablehnung als rechtfertigungsbedürftige Ausnahme

aa) Zum Ausmaß der Beurkundungspflicht

Die Beurkundungsablehnung bildet, auch wenn seitens des Notars Zweifel an der Wirksamkeit des Rechtsgeschäfts bestehen, nach den Vorschriften des Beurkundungsgesetzes die Ausnahme. Zweifelt der Notar an der Wirksamkeit des Rechtsgeschäfts, bestehen die Beteiligten aber auf eine Beurkundung, macht der gegenüber den Beteiligten bestehende öffentlich-rechtliche Anspruch auf Durchführung des Beurkundungsverfahrens dem Notar die Beurkundung in dem Bewusstsein, dass das Rechtsgeschäft materiellrechtlich unwirksam sein kann, zur Amtspflicht[292]. Vorangegangen ist dem eine Erörterung mit den Beteiligten, nach der weder die Zweifel des Notars ausgeräumt werden konnten noch der Notar sich von der Unwirksamkeit des Rechtsgeschäfts überzeugen konnte, vgl. § 17 Abs. 2 S. 1 BeurkG[293]. Danach soll der Notar, wenn er an der Wirksamkeit des Rechtsgeschäfts zweifelt, die Beteiligten aber auf die Durchführung der Beurkundung bestehen, die Beurkundung nach Belehrung der Beteiligten und dem Vermerk ihrer dazu abgegebenen Erklärungen durchführen. Der Gesetzgeber sieht es somit vor, dass eine Urkunde in den Rechtsverkehr gerät, die womöglich ein nach Auffassung des Notars wegen Geschäftsunfähigkeit nichtiges Rechtsgeschäft enthält, dessen Wirksamkeit bzw. Unwirksamkeit aber durch den Notar nicht aufgeklärt werden konnte[294].

Der Gesetzgeber hat die Berechtigung des Notars zur Ablehnung eines Beurkundungsersuchens, wenn Bedenken (rechtlicher oder tatsächlicher Art) gegen das Rechtsgeschäft bestehen, in einer Vielzahl von Vorschriften eingeschränkt. Gem. § 10 Abs. 2 S. 2 BeurkG soll der Notar beurkunden, auch wenn er sich keine Gewissheit von der Person der Beteiligten verschaffen kann, die Beteiligten aber die Aufnahme der Niederschrift verlangen. Gem. § 11 Abs. 1 S. 2 BeurkG soll der Notar beurkunden, obwohl er Zweifel an der erforderlichen Geschäftsfähigkeit hat. Gem. § 17 Abs. 2 S. 2 BeurkG soll der Notar beurkunden,

---

292 H.M. Schippel/Bracker/*Kanzleiter*, § 14 BNotO, Rn. 11; *Jansen*, § 4 BeurkG, Rn. 7; Reimann/Bengel/Mayer/*Limmer*, § 4 BeurkG, Rn. 20; a.A. *Ganter*, DNotZ 1998, 851 (852), der ein Recht zur Ablehnung annimmt, wenn dringende, von den Beteiligten auf Befragen nicht zerstreute Verdachtsgründe vorliegen, und Stürmer, JZ 1974, 154 (160), der ein Recht zur Ablehnung annimmt, wenn zwar einerseits die Schwelle der Sittenwidrigkeit und damit Nichtigkeit nicht erreicht sein mag, aber andererseits die Pflicht des Notars nach § 17 Abs. 1 S. 2 BeurkG, darauf zu achten, dass unerfahrene und ungewandte Beteiligte nicht benachteiligt werden, nicht erfüllt werden kann.
293 Eylmann/Vaasen/*Frenz*, § 17 BeurkG, Rn. 26.
294 Vgl. *Jansen*, § 4 BeurkG, Rn. 7.

wenn er an der Wirksamkeit des Rechtsgeschäfts zweifelt, die Beteiligten aber auf der Beurkundung bestehen. Gem. § 17 Abs. 3 S. 1 BeurkG soll der Notar beurkunden, wenn Zweifel darüber bestehen, ob ausländisches Recht zur Anwendung kommt. Nach § 18 BeurkG berechtigen Zweifel bei Genehmigungserfordernissen zu keiner Ablehnung der Beurkundung. Nach § 21 Abs. 1 S. 2 BeurkG soll der Notar beurkunden, wenn er den Grundbuchinhalt nicht kennt, die Beteiligten aber dennoch auf einer sofortigen Beurkundung bestehen. Solche Bedenken ergeben keinen ausreichenden Ablehnungsgrund, wenn die vorgeschriebenen Belehrungen und Hinweise gegeben und die vorgeschriebenen Vermerke in die Urkunde aufgenommen werden. Diesen Vorschriften ist die Wertung des Gesetzgebers zu entnehmen, dass bei nicht voll auszuräumenden Bedenken die Vornahme der Urkundstätigkeit auch dann noch den Vorzug vor einer vorsorglichen Ablehnung verdienen kann, wenn bestimmte Erfordernisse und Zwecke der notariellen Beurkundung nicht hinreichend gesichert sind. Der Zweck der Belehrungs- und Zweifelsvermerke wird in der Vermeidung einer Beweislastumkehr hinsichtlich eines späteren Amtshaftungsprozesses gesehen[295].

In all den genannten Fällen verbleibt der Notar im Zweifel, weil er die tatsächlichen Verhältnisse oder die Rechtslage nicht aufklären konnte. Demzufolge darf der Notar die Unwirksamkeit des Rechtsgeschäfts in Kauf nehmen.

Diesen Vorschriften ist zudem eine Abgrenzung der Zuständigkeiten von Notar und Richter zu entnehmen: Immer dort, wo Raum für eine gerichtliche Entscheidung ist, hat sich der Notar auf die Bezeugung des von den Beteiligten Gewollten zu beschränken. Dem Notar verbleibt lediglich die Möglichkeit, sich durch ein abweichendes Selbstzeugnis von den Vorstellungen der Beteiligten zu distanzieren. Daraus folgt, dass das Beurkundungsverfahren durch die Prärogative des Willens der Beteiligten bestimmt wird und es sich damit von jeder gerichtlichen Entscheidung unterscheidet. Zwar wird man zwischen einer Unwirksamkeit wegen Ausschluss der Willensfreiheit und einer den Inhalt des Rechtsgeschäfts betreffenden Unwirksamkeit zu differenzieren haben, der gemeinsame Grund des Vorrangs der gerichtlichen Entscheidung besteht aber darin, dass das Beurkundungsverfahren ein summarisches Verfahren ist, das allein auf den übereinstimmenden Erklärungen der Beteiligten beruht und keine Pflicht zur Amtsermittlung mit einer förmlichen Beweiserhebung enthält[296].

Zweifel an der Geschäftsfähigkeit rechtfertigen eine Einschränkung der Beurkundungspflicht bei Verfügungen von Todes wegen nicht, weil das Beurkun-

---

295 RG DNotZ 1935, 575 (575); BGH DNotZ 1974, 296 (301); Keidel/*Winkler*, § 17 BeurkG, Rn. 273; Soergel/*Mayer*, § 17 BeurkG, Rn. 56; Armbrüster/Preuss/Renner/*Armbrüster*, § 17 BeurkG, Rn. 138.
296 *Keim*, Teil C. 3., Rn. 33.

§ 12 Ablehungspficht gem. § 11 Abs. 1 S. 1 BeurkG

dungsverfahren keine Amtsermittlungspflicht mit einer Beweiserhebung vorschreibt, sondern durch die Prärogative der Parteien bestimmt wird.

bb) Zur Rechtfertigung der Beurkundungsablehnung nach § 11 Abs. 1 S. 1 BeurkG

(1) Zweck des § 11 Abs. 1 S. 1 BeurkG

Gleichwohl macht § 11 Abs. 1 S. 1 BeurkG dem Notar die Ablehnung der Beurkundung zur Amtspflicht, auch wenn die Beteiligten auf einer Beurkundung bestehen. In derartigen Fällen darf sich der Notar nicht nur auf eine Belehrung über die Folgen der Unwirksamkeit und der Dokumentation der dazu abgegebenen Erklärung des Testierenden in der Urkunde beschränken und dennoch beurkunden[297].

Tatbestandliche Voraussetzung dafür, dass die Rechtsfolge des § 4 BeurkG (Pflicht zur Amtsverweigerung) – den § 11 Abs. 1 S. 1 BeurkG konkretisiert – eintritt, ist die Unvereinbarkeit der gewünschten Beurkundung mit den Amtspflichten des Notars. § 4 BeurkG sagt dabei nicht, worin die Amtspflichten des Notars bestehen, setzt diese also voraus. Auch § 11 Abs. 1 S. 1 BeurkG sagt nicht, mit welchen Amtspflichten die Vornahme der Beurkundung unvereinbar ist.

Nur vereinzelt finden sich Äußerungen zum Sinn und Zweck des § 11 Abs. 1 S. 1 BeurkG. Die Vorschrift bezwecke den Schutz des Rechtsverkehrs vor wegen Geschäftsunfähigkeit nichtigen Urkunden[298]. Die vereinzelten Äußerungen hängen wohl damit zusammen, dass die Pflicht zur Ablehnung der Beurkundung nichtiger Rechtsgeschäfte bereits dem § 4 BeurkG entnommen wird. Zu § 4 BeurkG wird ausgeführt, dass der Notar dem nichtigen Rechtsgeschäft durch die Beurkundung den äußeren Schein der Wirksamkeit verleihe[299] und die Urkunde „gerade auch aufgrund des § 4 BeurkG im Rechtsverkehr den Rechtsschein für sich hat, dass sie wirksam ist"[300]. Der damalige Bundesminister der Justiz äußerte sich zum Zweck des § 4 BeurkG dahin, dass dieser dazu diene, der Herstellung

---

297 Reimann/Bengel/Mayer/*Limmer*, § 4 BeurkG, Rn. 18.
298 Soergel/*Mayer*, § 11 BeurkG, Rn. 1; Eylmann/Vaasen/*Limmer*, § 11 BeurkG, Rn. 1. Die Gesetzesmaterialien gehen auf den Zweck des § 11 BeurkG nicht ein. In der Begründung zu § 4 BeurkG weist der Gesetzgeber lediglich darauf hin, dass diese Vorschrift § 14 Abs. 2 BNotO entspricht, aber neben § 14 Abs. 2 BNotO bestehen bleiben müsse, weil sie auch für Amtstätigkeiten des Notars gilt, bei denen es sich nicht um Beurkundungen handelt, BT-Drucks. V/3282, S. 28.
299 BGH NJW 1992, 3237 (3238); Reimann/Bengel/Mayer/*Limmer*, § 4 BeurkG, Rn. 18.
300 Keidel/*Winkler*, § 4 BeurkG, Rn. 44.

88   4. Teil: Beurkundungsanspruch und Ablehnungspflicht

öffentlicher Urkunden mit rechts- oder sittenwidrigem Verwendungszweck vorzubeugen und keinen zusätzlichen Vertrauenstatbestand zu schaffen[301]. Dagegen ist einzuwenden, dass weder die Wirksamkeit des Rechtsgeschäfts von der Beweiskraft nach § 415 Abs. 1 ZPO[302] noch die Geschäftsfähigkeit von der Beweiskraft nach § 418 Abs. 1 ZPO erfasst wird[303]. Der öffentliche Glaube der Urkunde suggeriert dem Rechtsverkehr somit nicht das Vorliegen der Wirksamkeit des Rechtsgeschäfts, insbesondere nicht das Vorliegen der Geschäftsfähigkeit[304]. Der gute Glaube an die Geschäftsfähigkeit wird von der Rechtsordnung nicht geschützt[305]. Der Geschäftsunfähige stellt immer eine Gefahr für den Rechtsverkehr dar, die dieser nach Rechtsordnung zum Schutz des Geschäftsunfähigen hinzunehmen hat[306].

(a) Unabhängige Prüfungspflicht der Gerichte sowie Banken und Sparkassen

Im Rechtsverkehr sind es vor allem die Gerichte sowie Sparkassen und Banken, denen die Testamentsurkunde vorgelegt wird. Sie müssen auch deshalb nicht vor einer wegen Geschäfts- und Testierunfähigkeit nichtigen Verfügung von Todes wegen geschützt werden, weil bei ihnen eine von der des Notars unabhängige Prüfungspflicht besteht.

Da die Testamentsurkunde nach Abschluss des Beurkundungsverfahrens unverzüglich in besondere amtliche Verwahrung zu geben ist (§ 34 Abs. 1 S. 4 BeurkG, §§ 2258a, 2258b BGB), die Rechtswirkungen der Verfügung von Todes wegen erst mit dem Erbfall eintreten und die Verwendung im Rechtsverkehr somit auf diesen Zeitpunkt hinausgeschoben ist, wird die Testamentsurkunde in erster Linie den Nachlassgerichten und Grundbuchämtern vorgelegt. Der in öffentlicher Urkunde errichteten Verfügung von Todes wegen kommt im Rechtsverkehr vor allem die Funktion eines Ersatzes für den Erbschein zu, denn vielfach genügt die Urkunde zum Nachweis des Erbrechts[307]. So reicht es zum

---

301 DNotZ 1983, 521 (522). Er bezieht sich damit auf die in § 4 BeurkG angeführten Beispielsfälle.
302 Allgemeine Meinung: Musielak/*Huber*, § 415 ZPO, Rn. 10; Zöller/*Geimer*, § 415 ZPO, Rn. 5; Baumbach/Lauterbach/Albers/Hartmann/*Hartmann*, § 415 ZPO, Rn. 10.
303 OGHZ 2, 45 (54); BayObLG DNotZ 1975, 555 (555); MünchKommZPO/*Schreiber*, § 418 ZPO, Rn. 7; Zöller/*Geimer*, § 418 ZPO, Rn. 3; Baumbach/Lauterbach/Albers/Hartmann/*Hartmann*, § 418 ZPO, Rn. 6; MünchKomm/*Hagena*, § 28 BeurkG, Rn. 8; Soergel/*Mayer*, § 28 BeurkG, Rn. 4; Lichtenwimmer, MittBayNot 2002, 240 (242); Nieder/Kössinger/*Kössinger*, § 7, Rn. 25.
304 So aber Eylmann/Vaasen/*Limmer*, § 11 BeurkG, Rn. 5.
305 RGZ 120, 170 (174); BGH ZIP 1988, 829 (831).
306 MünchKomm/*Schmitt*, Vorbemerkung § 104 BGB, Rn. 7.
307 Um die Kosten für einen Erbschein zu sparen, wird häufig vor einem Notar testiert, Reimann/Bengel/Mayer/*Voit*, § 2231 BGB, Rn. 1.

§ 12 Ablehungspficht gem. § 11 Abs. 1 S. 1 BeurkG

Nachweis des Erbrechts gegenüber dem Grundbuchamt aus, wenn eine Verfügung von Todes wegen, die in einer öffentlichen Urkunde enthalten ist, und die Niederschrift über die Eröffnung der Verfügung vorgelegt wird, § 35 Abs. 1 S. 2 GBO. Eine entsprechende Regelung trifft § 41 SchiffsRegVO[308]. Auch im Bereich der Eintragung in das Handelsregister reicht gem. § 12 Abs. 1 S. 2 HGB die Vorlage des öffentlichen Testaments zum Nachweis der Rechtsnachfolge aus. Soweit es um den Nachweis des Erbrechts in Bezug auf einen Hof geht, reicht ein öffentliches Testament nur dann nicht aus, wenn nicht ausgeschlossen werden kann, dass der Erblasser eine lebzeitige formlose Hoferbenbestimmung vorgenommen hat, § 6 Abs. 1 S. 1 Nrn. 1 und 2, § 7 Abs. 2 HöfeO.

Diese Erbscheinsersatzfunktion der in öffentlicher Urkunde errichteten Verfügung von Todes wegen ist gerechtfertigt, weil eine von der des Notars unabhängige Prüfungspflicht der Gerichte besteht: Weder das Grundbuchamt[309] noch der Nachlass- und Zivilrichter sind an die in der Urkunde getroffene Feststellung „geschäfts- und testierfähig" gebunden. Das Grundbuchamt hat selbständig zu prüfen, ob es die Erbfolge durch die Verfügung von Todes wegen für ausreichend nachgewiesen hält, § 35 Abs. 1 S. 2 2. Hs. GBO. Ergeben sich Zweifel tatsächlicher Art, die der Aufklärung durch das Nachlassgericht bedürfen, kann das Grundbuchamt einen Erbschein verlangen, § 35 Abs. 1 S. 2 2. Hs. GBO. Zwar hat das Grundbuchamt zur Frage der Geschäftsfähigkeit der Beteiligten ohne konkreten Anlass oder ohne positives Wissen nichts etwas zu veranlassen[310], das Grundbuchamt darf die Eintragung jedoch nicht vornehmen, wenn auf konkreten Tatsachen beruhende Zweifel an der Geschäftsfähigkeit eines der Beteiligten bestehen[311]. Die Prüfungspflicht des Grundbuchamtes besteht somit entsprechend des Regel-Ausnahme-Verhältnisses von Geschäfts- und Testierfähigkeit zur Geschäfts- und Testierunfähigkeit im gleichen Umfang wie die des Notars und unabhängig von dessen Aufklärungspflicht. Auch im Zivilprozess und im Erbscheinverfahren ist selbständig Beweis zur Frage der Geschäfts- und Testierunfähigkeit zu erheben. Das „Ob" und der Umfang der Beweisaufnahme ergeben sich auch hier aus dem Regel-Ausnahme-Verhältnis und sind im Bestehen und Umfang unabhängig von der Aufklärungspflicht des Notars.

Trotz Existenz des § 11 Abs. 1 S. 1 BeurkG dürfen somit weder das Grundbuchamt noch der Zivil- und Nachlassrichter darauf vertrauen, dass der Beteiligte geschäfts- und testierfähig war.

---

308 Vom 19.12.1940 in der Fassung vom 26.5.1994, BBGl I, S. 1133.
309 Vgl. BayObLGZ 1974, 336 (336); BayObLGZ 1989, 111 (112/113).
310 Meikel/Roth, § 35 GBO, Rn. 125/127.
311 Im Rahmen der Eintragung einer Auflassung, BayObLGZ 1974, 336 (340); OLG Karlsruhe DNotZ 1965, 476 (476/477).

90   4. Teil: Beurkundungsanspruch und Ablehnungspflicht

Sparkassen und Banken können beim Tod ihres Kunden gem. Nr. 5 ihrer AGB (Stand: 31. Oktober 2009) zur Klärung der rechtsgeschäftlichen Berechtigung die Vorlegung eines Erbscheins, eines Testamentsvollstreckerzeugnisses oder ähnlicher gerichtlicher Zeugnisse verlangen. Die Sparkassen und Banken können auf die Vorlegung eines Erbscheins oder Testamentsvollstreckerzeugnisses verzichten, wenn ihnen eine Ausfertigung oder eine beglaubigte Abschrift vom Testament oder Erbvertrag des Kunden sowie die Niederschrift über die zugehörige Eröffnungsverhandlung vorgelegt wird. Die Sparkassen und Banken sind in diesem Fall berechtigt, auch die in der Urkunde als Erbe oder Testamentsvollstrecker bezeichnete Person als Berechtigte anzusehen, insbesondere sie verfügen zu lassen und mit befreiender Wirkung an sie zu leisten. Dies gilt nicht, wenn der Sparkasse die Unrichtigkeit oder Unwirksamkeit bekannt oder infolge Fahrlässigkeit nicht bekannt geworden ist. Danach sind auch Sparkassen und Banken verpflichtet, die Wirksamkeit der Verfügung von Todes wegen selbständig zu prüfen[312].

(b) Zwischenergebnis

Bei Verfügungen von Todes wegen vertraut der Rechtsverkehr somit nicht darauf, dass der Notar zutreffend beurteilt, ob Geschäfts- und Testierunfähigkeit vorlag. Der Schutz des Rechtsverkehrs rechtfertigt bei Verfügungen von Todes wegen die Beurkundungsablehnung damit nicht.

(2) Vertrauen des Rechtsverkehrs in die notarielle Amtstätigkeit –
    Integritätsgebot

Einen irgend gearteten Schein kann die Urkunde somit nur aufgrund der Amtspflicht nach § 11 Abs. 1 S. 1 BeurkG haben.
    Zwar hat die Nichtbeachtung des als Soll-Vorschrift ausgestalteten § 11 Abs. 1 S. 1 BeurkG als solche auf die Gültigkeit des Beurkundungsakts keinen Einfluss, denn ist der Beteiligte geschäfts- und testierunfähig, ist das Rechtsgeschäft nichtig, §§ 105 Abs. 1, 2, 2229 Abs. 4 BGB. Liegt aber als Ergebnis des Beurkundungsverfahrens ein vom Notar herrührendes Schriftstück vor, das die vom Beurkundungsgesetz bestimmten äußeren Merkmale aufweist, muss ein den Vorschriften des Beurkundungsgesetzes entsprechendes Beurkundungsverfahren durchgeführt worden sein, vgl. § 14 Abs. 1 S. 1 i.V.m. § 13 Abs. 1 BNotO. Der Notar ist verpflichtet, die Beurkundung abzulehnen, wenn das Rechtsgeschäft

---

312 Vgl. aber OLG Celle NJW 1998, 82 (84): Keine Fahrlässigkeit bei notariellem Testament, welches vor weniger als einem Jahr errichtet wurde.

§ 12 Ablehungspficht gem. § 11 Abs. 1 S. 1 BeurkG

erkennbar nichtig ist, § 4 BeurkG, bzw. er von der Geschäfts- und Testierunfähigkeit überzeugt ist, § 11 Abs. 1 S. 1 BeurkG. Er darf sich nicht etwa darauf beschränken, die Beteiligten über die Rechtsfolgen der Unwirksamkeit zu belehren und dieses sowie seine Überzeugung zu dokumentieren. Der Rechtsverkehr vertraut somit darauf, dass der Notar nicht gegen die genannten Vorschriften verstoßen, also nicht ein erkennbar nichtiges Rechtsgeschäft beurkundet hat. Nur weil der Notar nach § 11 Abs. 1 S. 1 BeurkG die Beurkundung abzulehnen hat, wenn er von dem Fehlen der erforderlichen Geschäfts- und Testierunfähigkeit überzeugt ist, vertraut der Rechtsverkehr darauf, dass der Notar pflichtgemäß gehandelt hat und nicht davon überzeugt war, dass die Geschäfts- und Testierfähigkeit fehlte. Eine Willenserklärung, die den vom Beurkundungsgesetz geforderten äußeren Merkmalen entspricht, hat somit den Schein der ordnungsgemäßen Durchführung eines Beurkundungsverfahrens für sich[313].

Anerkannt wird dieses Vertrauen in die notarielle Amtstätigkeit von der Rechtsordnung insoweit, als dass sich der Notar im Falle einer schuldhaft nicht erkannten Geschäfts- und Testierunfähigkeit gegenüber den Beteiligten und Personen, „die auf die Zuverlässigkeit der Beurkundung angewiesen sind und hierauf vertrauend am Rechtsverkehr teilnehmen" und die im Vertrauen auf die Gültigkeit der Urkunde einen geldwerten Nachteil erlitten haben, schadensersatzpflichtig machen kann, § 19 Abs. 1 S. 1 BNotO i.V.m. § 839 Abs. 1 BGB[314].

Erkennt der Notar die Geschäfts- und Testierunfähigkeit dagegen schuldlos nicht, wird ein Vertrauen in die Wirksamkeit des Rechtsgeschäfts von der Rechtsordnung nicht anerkannt. Der Rechtsverkehr darf nur darauf vertrauen, dass der Notar die Beurkundung ablehnt, wenn er von der Geschäfts- und Testierunfähigkeit überzeugt ist.

Maßgeblich ist also das Verschulden, d.h. ob der Notar die Geschäfts- und Testierunfähigkeit hätte erkennen können und müssen (Fahrlässigkeit) oder sich ihrer bewusst war (Vorsatz), denn den Schein, dass der Notar nicht Geschäfts- und Testierunfähigkeit angenommen hat, könnte der Notar dadurch zerstören, dass er dieses in der Urkunde vermerkt. Dann würde dem Rechtsverkehr die Auffassung des Notars vor Augen geführt, und der Rechtsverkehr dürfte nicht darauf vertrauen, dass der Notar seine Amtspflicht nach § 11 Abs. 1 S. 1 BeurkG beachtet hat.

---

313 *Keim*, Teil A. 1., Rn. 7.
314 OLG Oldenburg DNotZ 1974, 19 (20): „Der Kläger durfte darauf vertrauen, dass der Beklagte alle Erfordernisse der Wirksamkeit des Testaments beachtet hatte. In diesem seinem Vertrauen auf die Gültigkeit des Testaments hat er sich auf Prozesse mit den gesetzlichen Erben eingelassen und dadurch sind ihm Prozess- und Vollstreckungskosten entstanden"; BGH VersR 2001, 1524 (1525), Ersatz von Aufwendungen, die im Vertrauen auf die Gültigkeit des Rechtsgeschäfts getätigt wurden; Keidel/*Winkler*, § 4 BeurkG, Rn. 42.

§ 11 Abs. 1 S. 1 BeurkG konkretisiert somit die allgemeine Pflicht des Notars, sich vertrauenswürdig zu verhalten, das sog. Integritätsgebot, welches zu den allgemeinen Pflichten des Notars zählt[315]. Die Amtspflicht, mit denen die gewünschte Beurkundung gem. § 4 BeurkG unvereinbar ist und die der Notar verletzt, wenn er die Beurkundung vornimmt, obwohl er den Beteiligten für geschäfts- und testierunfähig hält, ist somit die Pflicht des Notars, sich integer zu verhalten. Fehlt die Geschäfts- und Testierfähigkeit nach der Überzeugung des Notars unzweifelhaft, darf der Notar seine Urkundsgewalt nicht dazu missbrauchen, seine Überzeugung durch Zweifel zu ersetzen und dennoch zu beurkunden. Das Interesse des Notars an der Durchführung der Beurkundung kann dann nämlich nur ein Kosteninteresse sein, und/oder der Notar handelt im Interesse der eingesetzten Erben, wodurch er das Vertrauen der Allgemeinheit in die Objektivität und Unabhängigkeit des Notaramtes verletzen würde.

Der Notar wird von der Geschäfts- und Testierunfähigkeit aber nur in den Fällen offensichtlicher Geschäfts- und Testierunfähigkeit unzweifelhaft überzeugt sein und nicht in allen anderen, schwierig zu beurteilenden Fällen. Danach erfasst der Zweck des § 11 Abs. 1 S. 1 BeurkG die schwierig zu beurteilenden Fälle nicht und ist § 11 Abs. 1 S. 1 BeurkG somit teleologisch auf die Fälle offensichtlicher Geschäfts- und Testierunfähigkeit zu reduzieren.

(3) Ergebnis

Die Ablehnung der Beurkundung ist ausnahmsweise gerechtfertigt, wenn der Notar durch die Beurkundung das Vertrauen in seine Tätigkeit, nämlich seine Objektivität und Unabhängigkeit, missbrauchen würde. Dies betrifft nur die Beurkundung in Fällen offensichtlicher Geschäfts- und Testierunfähigkeit. Deshalb ist § 11 Abs. 1 S. 1 BeurkG nach seinem Zweck auf diejenigen Fälle nicht anzuwenden, bei denen eine gewisse Wahrscheinlichkeit für das Vorliegen von Geschäfts- und Testierunfähigkeit spricht, dies aber durch den Notar nicht sicher beurteilt werden kann.

---

315 Die Vorschriften des BeurkG konkretisieren für das Beurkundungsverfahren abschließend die allgemeine Integritätspflicht, Eylmann/Vaasen/*Frenz*, § 14 BNotO, Rn. 15; als Grundlage für die allgemeine Pflicht des Notars, sich integer zu verhalten, wird entweder § 14 Abs. 2 BNotO, Arndt/Lerch/Sandkühler/*Sandkühler*, § 14 BNotO, Rn. 100 oder § 14 Abs. 3 S. 2 BNotO, Bohrer, Rn. 101, fruchtbar gemacht. Nach Reimann/Bengel/ Mayer/*Limmer*, § 4 BeurkG, Rn. 1 und Soergel/*Mayer*, § 4 BeurkG, Rn. 1 begründet § 4 BeurkG das Integritätsgebot.

b) Zur Legitimation des Notars zur endgültigen und verbindlichen Entscheidung über die Wirksamkeit der Verfügung von Todes wegen

Mit der fast ausschließlichen Übertragung der Beurkundungstätigkeit auf den Notar wird die Aufgabenverteilung zwischen Notar und Richter klar voneinander abgegrenzt: Die Beurkundungstätigkeit ist keine Rechtsprechung. Der Notar wirkt an der Gestaltung und Verwirklichung privater Rechte durch rechtskundige Beratung und Belehrung mit[316]. Der Beurkundungsvorgang als Aufgabe der vorsorgenden Rechtspflege soll ausschließlich beim Notar liegen[317]. Demgegenüber entscheidet der Zivilrichter abschließend über die Erbenstellung, und als Vorfrage hat der Richter die Geschäfts- und Testierunfähigkeit zu beurteilen. Deshalb ist der Richter an die urkundlich protokollierte rechtliche Beurteilung der Geschäfts- und Testierunfähigkeit des Notars nicht gebunden. Wären die Gerichte an das Ergebnis des Notars gebunden, würde der Notar einen Teil der gerichtlichen Zuständigkeit usurpieren. Als Ergebnis eines immer nur summarischen Verfahrens besitzt die Urkunde daher immer nur eine vorläufige Geltung, die der Rechtskraft eines in diesem Fall ergehenden Feststellungsurteils mit einer anderen Erbenstellung zu weichen hat[318].

Gerade weil selbst dem sorgfältigsten Notar eine Fehlbeurteilung unterlaufen kann, kann die Urkunde als Ergebnis eines summarischen Verfahrens – in dem die Aufklärung der Geschäfts- und Testierunfähigkeit mittels eines Sachverständigen nicht vorgeschrieben ist – nur eine vorläufige Geltung besitzen. Deshalb darf der Notar die Klärung der Frage der Geschäfts- und Testierunfähigkeit im Prozesswege nicht von vornherein durch eine Verweigerung der Beurkundung abschneiden[319]. Daraus folgt, dass die Beurteilung der Geschäfts- und Testierunfähigkeit in den beschriebenen Fällen, d.h. in allen schwierig zu beurteilenden Fällen, dem Richter unter Hinzuziehung eines Sachverständigen vorbehalten sein muss.

Danach spricht die Aufgabenverteilung von Notar und Richter für eine restriktive Auslegung des § 11 Abs. 1 S. 1 BeurkG auf die Fälle einer evidenten Geschäfts- und Testierunfähigkeit.

---

316 Keidel/*Winkler*, Einl. BeurkG, Rn. 22/24.
317 Soergel/*Mayer*, Vor. § 1 BeurkG, Rn. 3.
318 Vgl. *Keim*, Teil A. 3., Rn. 34.
319 *Jansen*, § 11 BeurkG, Rn. 5; Reimann/Bengel/Mayer/*Limmer*, § 11 BeurkG, Rn. 14; Soergel/ *Mayer*, § 11 BeurkG, Rn. 4; MünchKomm/*Hagena*, § 28 BeurkG, Rn. 20.

c) Betreuungs- und Beratungsfunktion des Notars – § 17 BeurkG

Der Notar schuldet den Beteiligten nicht nur die formwirksame Beurkundung, sondern das wirksame Rechtsgeschäft, das dem wahren Willen der Beteiligten entspricht[320]. Das wirksame Rechtsgeschäft gewährleistet der Notar allerdings nicht, wenn er nach §§ 17, Abs. 2 S. 2, 11 Abs. 1 S. 2 BeurkG unter Dokumentation seiner Zweifel an der Geschäfts- und Testierfähigkeit beurkundet. Insofern zeigen die §§ 17 Abs. 2 S. 2, 11 Abs. 1 S. 2 BeurkG, dass die Aufklärung der Geschäfts- und Testierunfähigkeit nicht der Hauptzweck der notariellen Beurkundung bei Verfügungen von Todes wegen sein kann. So kann ein Testament – im Gegensatz zum Erbvertrag – auch privatschriftlich errichtet werden, § 2247 BGB, womit ebenfalls der Beweis über die Errichtung und den Inhalt eines Testaments erbracht wird. Hauptzweck der notariellen Beurkundung ist damit bei Verfügungen von Todes wegen die beratende und betreuende Mitwirkung des Notars[321]. Kommt es nach dem Eintritt des Erbfalls zu Rechtsstreitigkeiten, steht der Erblasser nicht mehr zur Verfügung. Weder kann er erneut testieren noch im Falle von Auslegungsschwierigkeiten befragt werden. Willensmängel und Unklarheiten sind bei Verfügungen von Todes wegen damit irreparabel. Willenserforschung, Klären des Sachverhalts und Belehrung sowie Formulierung sollen zusammen gewährleisten, dass Irrtümer und Zweifel, also Willensmängel und Auslegungsschwierigkeiten vermieden werden, vgl. § 17 Abs. 1 S. 2 BeurkG. Um diese inhaltliche Präzisierung des Gewollten zu gewährleisten, bedarf es der Mitwirkung des Notars[322]. Diese hinsichtlich des objektiven Inhalts des Willens der Beteiligten ausgeübte Kontrolle des Notars unterscheidet sich von der Prüfung der die Willensbildungsfreiheit betreffenden Geschäfts- und Testierfähigkeit. Zudem ist die Unwirksamkeit der Verfügung von Todes wegen infolge Geschäfts- und Testierunfähigkeit der Ausnahmefall. Daher bildet nicht ihre Prüfung, sondern die Präzisierung des Gewollten den Schwerpunkt der Mitwirkungspflicht des Notars.

Danach spricht auch die Betreuungs- und Beratungsfunktion des Notars für eine restriktive Auslegung des § 11 Abs. 1 S. 1 BeurkG.

---

320 *Feyock*, DNotZ 1952, 251 (254); Soergel/*Mayer*, § 17 BeurkG, Rn. 1.
321 Reimann/Bengel/Mayer/*Reimann*, § 17 BeurkG, Rn. 4; vgl. auch *Keim*, Teil A. 3., Rn. 20.
322 Reimann/Bengel/Mayer/*Reimann*, § 17 BeurkG, Rn. 17; Soergel/*Mayer*, § 17 BeurkG, Rn. 27.

IV. Zusammenfassung

§ 11 Abs. 1 S. 1 BeurkG ist nur auf die Fälle offensichtlicher Geschäfts- und Testierunfähigkeit anzuwenden. In allen anderen schwierig zu beurteilenden Fällen muss der Notar unter Dokumentation seiner Zweifel und der sie begründenden Wahrnehmungen die Beurkundung vornehmen.

§ 13 Zusammenfassung der rechtlichen Vorgaben

1. Der Notar ist nicht berechtigt, die Geschäfts- und Testierfähigkeit positiv zu prüfen und das Ergebnis in der Urkunde festzustellen.
2. § 28 BeurkG verpflichtet den Notar, eigene Wahrnehmungen über die Geschäfts- und Testierfähigkeit in der Urkunde zu vermerken.
3. Inhaltlich muss es sich um Wahrnehmungen handeln, die Aufschluss über den psychisch-geistigen Zustand des Beteiligten und dessen Auswirkung auf seine Einsichts- und Handlungsfähigkeit geben.
4. Liegen konkrete Anhaltspunkte für eine fehlende Geschäfts- und Testierfähigkeit vor, hat der Notar die Geschäfts- und Testierunfähigkeit aufzuklären.
5. Hierbei fordert das Grundrecht auf informationelle Selbstbestimmung gem. Art. 2 Abs. 1 i.V.m. Art. 1 Abs. 1 GG, dass der Notar die Prüfung dem Testierenden offen legt, diesem die urkundlich niedergelegten Wahrnehmungen vorliest und von ihm genehmigen lässt.
6. Liegen keine Anhaltspunkte für eine fehlende Geschäfts- und Testierfähigkeit vor, hat der Notar nur dies in der Urkunde zu vermerken.
7. Der Notar darf die Beurkundung nur in offensichtlichen Fällen von Geschäfts- und Testierunfähigkeit ablehnen. In allen anderen, nicht eindeutig zu beurteilenden Fällen muss er unter Dokumentation seiner Wahrnehmungen und Zweifel beurkunden.

5. Teil: Feststellungen des Notars zur Testierfähigkeit

§ 14 Praktische Umsetzung

Jetzt ist die Frage zu beantworten, ob und wie der Notar die rechtlichen Vorgaben in die notarielle Praxis umsetzen kann.

I. Zeitpunkt der Prüfung der Testierunfähigkeit im Beurkundungsverfahren

Zunächst ist aufzuzeigen, wann die Prüfung der Testierunfähigkeit innerhalb des Beurkundungsverfahrens stattfinden kann.

Die Errichtung eines öffentlichen Testaments besteht stets aus der vom Notar selbst zu führenden Verhandlung (er darf sie nie Dritten überlassen), der Niederschrift, ihrer Verlesung, ihrer Genehmigung (§ 13 Abs. 1 BeurkG), der Unterschrift des Erblassers und des Abschlusses durch die Unterschrift des Notars (§ 13 Abs. 3 BeurkG) sowie etwaiger sonst mitwirkender Personen. Die Niederschrift muss die Erklärung des Erblassers enthalten (§ 9 Abs. 1 S. 1 Nr. 2 BeurkG) und in Gegenwart des Notars vorgelesen, genehmigt und eigenhändig unterschrieben werden (§ 13 Abs. 1 BeurkG).

In der Praxis wird allerdings die Erklärung des letzten Willens, das Vorlesen und Genehmigen regelmäßig in einem Akt zusammengefasst, weil zumeist ein vorher gefertigter Entwurf benutzt wird, der dem Erblasser vorgelesen wird[323].

Ein Vorgespräch zwischen dem Notar und dem Testierenden ist durch das Beurkundungsgesetz nicht zwingend vorgesehen. Jedenfalls bei typisierten Testamenten wie dem Berliner Testament erfolgt die Vorbereitung des Testamentsentwurfs durch die Notarfachangestellten, die mittels Fragebögen die Basisinformationen aufnehmen und die Grundbucheinsicht veranlassen. Anhand des Fragebogens wird dem Testierenden der Testamentsentwurf zugeleitet, und nach seiner Durchsicht werden gewünschte Änderungen durch die Angestellten vorgenommen[324]. Üblich ist es auch, dass ein Testamentsentwurf durch einen

---

323 RGZ 161, 378 (378); BayObLG NJW-RR 2000, 456 (456).
324 Vgl. allgemein *Keim*, Teil C., 5., Rn. 52; Reimann/Bengel/Mayer/*Reimann*, § 17 BeurkG, Rn. 5: Die Vorverhandlung darf von den Mitarbeitern geführt werden.

Steuerberater oder Rechtsanwalt bereits gefertigt wurde und sogleich ein Beurkundungstermin vereinbart wird. Überwiegend wird daher der erste persönliche Kontakt zwischen Notar und Testierendem erst im eigentlichen Beurkundungstermin erfolgen. Daher wird der eigentliche Beurkundungstermin der Zeitpunkt zur Aufklärung der Testierunfähigkeit sein.

II. Notarielle Praxis

Um einen Einblick zu erhalten, wie die §§ 28, 11 BeurkG von den Notaren angewendet werden, wurde im Jahr 2004 ein Fragebogen erstellt und an Notare verschiedener Bundesländer versandt. Beigefügt war der Mini-Mental-Status-Test[325], der in der psychiatrischen Praxis der Feststellung des Schweregrads einer Demenzerkrankung dient[326].

Anhand des Deutschen Notarverzeichnisses wurden aus jedem Bundesland zwei Notare ausgewählt und angeschrieben. Beteiligt wurden Nur-Notare (Hamburg und Baden-Württemberg), Anwaltsnotare und Großnotariate aus mehreren Sozien. Zurück geschickt wurden lediglich fünf Fragebögen[327] von einem Rechtsanwaltsnotar aus Bad Gandersheim in Niedersachsen, einem Nur-Notar aus Hamburg, zwei Nur-Notaren aus München und einem Nur-Notar aus Köln. Die Anzahl der beurkundeten Testamente im Jahr 2003 wurde mit 0, 7, 31, 45, und ca. 100 angegeben.

Folgende Fragen wurden wie folgt beantwortet:

1. Frage: Wann sehen Sie sich veranlasst, die Testier(un)fähigkeit näher zu prüfen? (Antwortkategorien wurden nicht vorgegeben)

Antworten nach Häufigkeit:

- hohes Alter,
- schwere Erkrankungen,
- Mandanten im Krankenhaus,
- Unterbringung im Pflegeheim,
- Anzeichen von Demenz,
- auffälliges Verhalten,
- offensichtlich fehlende geistige Kräfte,
- wenn keine Kommunikation spontan zustande kommt,
- Problem, ein Gespräch zu führen.

---

325 Siehe Anhang.
326 Cording/*Foerster*, DNotZ 2006, 329 (331).
327 Siehe Anhang.

§ 14 Praktische Umsetzung 99

2. Frage: Mittels welcher Methode beurteilen Sie die Testierfähigkeit? (Bitte ankreuzen)

Antworten nach Häufigkeit:

- Gespräch mit Mandanten,
- Vorlage Attest,
- Gespräch mit Angehörigen.

3. Frage: Gem. § 28 BeurkG soll der Notar seine Wahrnehmungen über die erforderliche Geschäftsfähigkeit in der Niederschrift vermerken. Was vermerken Sie in der Urkunde?

Antworten:

„Er/Sie erklärte, nachdem sich der Notar – durch eingehende Verhandlung/Unterredung/keine Angabe – von seiner erforderlichen Geschäftsfähigkeit überzeugt hatte, ..."

4. Frage: Wurden Beurkundungen aufgrund der Überzeugung von Testierunfähigkeit abgelehnt? Wenn ja, wie häufig und woraus wurde auf das Vorliegen von Testierunfähigkeit geschlossen? (ein Zeitraum wurde nicht vorgegeben)

Ergebnis:

Jeder Notar – der Testamente beurkundet hatte – hatte etwa ein bis drei Mal die Beurkundung aufgrund von Testierunfähigkeit abgelehnt. Zur Begründung wurde angegeben:

- eine Willensartikulation war nicht möglich,
- völlig widersprüchliche Willensäußerungen innerhalb weniger Minuten,
- eine Kommunikation war nicht möglich,
- im Vorfeld sei mit Angehörigen Testierunfähigkeit geklärt worden,
- es sei ersichtlich keine Reaktion mehr vorhanden gewesen.

5. Frage: Wurden Sie in einem späteren Prozess als Zeuge vernommen? Wenn ja, divergierte die Entscheidung des Gerichts von Ihrer Beurteilung? Wurden Sie haftbar gemacht?

Ergebnis:

Lediglich 3 Notare wurden in einem späteren Prozess als Zeugen vernommen. In allen Fällen divergierte die Entscheidung des Gerichts, d.h. es wurde Testierunfähigkeit angenommen. Kein Notar wurde haftbar gemacht.

6. *Frage:* Wäre eine Liste mit äußerlich erkennbaren Auffälligkeiten bestimmter psychischer Erkrankungen hilfreich?

Ergebnis:

Dies wurde von allen bejaht.

7. *Frage:* Könnten Sie sich vorstellen, mit dem Mandanten einen Test (beigefügter Mini-Mental-Status-Test), wie er zur Einstufung von Demenzerkrankungen verwendet wird, durchzuführen?

Ergebnis:

Kein Notar konnte sich vorstellen, diesen Kurz-Test durchzuführen: „Der Erschienene würde sich zu Recht über eine solche Befragung empören", „in dieser Allgemeinheit diskriminierend".

8. *Frage:* Haben Sie sonstige Vorschläge oder Anregungen zur Verbesserung?

Ergebnis:

Entweder bestanden keine Vorschläge oder es wurde geantwortet, dass für Zweifelsfälle nach durchgeführter Beurkundung die Gerichte und Ärzte zuständig seien.

III. Auswertung – Schwierigkeiten der gesetzlichen Vorgaben

Die nicht repräsentative Umfrage gibt Anhaltspunkte dafür, dass die Vorgaben der §§ 11, 28 BeurkG und ihre Anwendung in der Praxis nicht übereinstimmen. Die Beantwortung von Frage 3 lässt vermuten, dass die Vorschrift so angewendet wird, dass in jedem Fall positiv die Testierfähigkeit festgestellt wird. Diese Vermutung wird dadurch bekräftigt, dass auch die Kommentare und Praxishandbücher von einer Pflicht zur Feststellung der Testierfähigkeit ausgehen[328]. Dazu ist der Notar nicht berechtigt[329]. Tatsachen, die von der Beweiskraft der Testamentsurkunde nach § 418 Abs. 1 ZPO erfasst werden, werden nicht vermerkt. Der Zweck des § 28 BeurkG wird damit verfehlt.

Festzuhalten ist, dass eine Liste mit äußerlich erkennbaren Auffälligkeiten bestimmter psychischer Erkrankungen als hilfreich beurteilt wird. Für deren Akzeptanz in der Praxis ist zu berücksichtigen, dass sich kein Notar vorstellen konnte, einen Test wie den Mini-Mental-Status-Test durchzuführen. Daraus ist

---

328 S.o. 3. Teil, § 1.
329 S.o. 2. Teil, § 6 I.

§ 14 Praktische Umsetzung 101

zu schließen, dass eine Checkliste keine abstrakten Fragen (z.B. Frage nach dem Bundesland) oder das Ausführen von Handlungen (z.b. Nachsprechen, Blatt Papier falten und auf den Boden legen) enthalten sollte, sondern die Fragen Bezug zur Testamentsbeurkundung haben sollten. Optimal wäre es, wenn sie in das Beurkundungsgespräch – nach Offenlegung der Aufklärungspflicht – integriert werden könnte (z.B. die Frage nach dem Grund des Ausschlusses von gesetzlichen Erben, um die Motive der Testamentserrichtung aufzuklären). Beunruhigend ist, dass die Frage der Testierfähigkeit mit Angehörigen geklärt wird. Angehörige als potenzielle gesetzliche Erben haben möglicherweise ein bestimmtes Interesse, die Beurteilung in die eine oder andere Richtung zu lenken.

IV. Lösungen für die Praxis

1. Alternative zum Standardsatz

Der bisher übliche Standardsatz, „der Notar hat sich von der Geschäfts- und Testierfähigkeit des Beteiligten überzeugt", ist zu unterlassen. Der Notar verletzt mit dieser Feststellung das Grundrecht auf informationelle Selbstbestimmung, und auch, wenn dieser Satz nicht von der Beweiskraft der Testamentsurkunde erfasst wird, besteht die Gefahr, dass dieser Satz gerade bei Nichtjuristen eine Hemmschwelle aufbaut, die Testierfähigkeit in Frage zu stellen und das Prozessrisiko einzugehen. Der Notar ist nicht ausgebildet, die tatsächlichen Voraussetzungen der Geschäfts- und Testierfähigkeit festzustellen, und somit erweckt der Satz den Anschein einer fachlichen Kompetenz, die der Notar nicht hat. Selbst für den Psychiater ist es viel schwieriger, das Nichtvorhandensein von Symptomen oder psychischen Störungen festzustellen, als deren Vorhandensein.

De facto führt der Standardsatz, „der Notar habe sich von der Geschäfts- und Testierfähigkeit überzeugt", deshalb nicht selten dazu, dass eine gerichtliche Klärung der Geschäfts- und Testier(un)fähigkeit unterbleibt und letztwillige Verfügungen ausgeführt werden, bei denen der Erblasser tatsächlich zu einer freien Willensbestimmung nicht mehr imstande war, so dass seinen wohlverstandenen Interessen zuwidergehandelt wird.

Drängen sich dem Notar keine Anhaltspunkte für eine mangelnde Geschäfts- und Testierfähigkeit auf, so sollte der Notar statt des bisher üblichen Standardsatzes vermerken: „Es ergaben sich keine Bedenken hinsichtlich einer Geschäfts- und Testierunfähigkeit des/der Beteiligten" bzw. zugeschnitten auf den Text des Urkundseingangs: „Er/Sie erklärte, nachdem sich während der mit dem/den Beteiligten geführten Unterredung/Verhandlung keine Bedenken hinsichtlich einer Geschäfts- und Testierunfähigkeit des/der Beteiligten ergaben, ...".

102   5. Teil: Feststellungen des Notars zur Testierfähigkeit

2. Sicherung von Beweismitteln zur Geschäfts- und Testierunfähigkeit

In den anderen Fällen, in denen sich Anhaltspunkte ergeben haben und der Notar deshalb verpflichtet ist, die Geschäfts- und Testierunfähigkeit aufzuklären, stellt sich die Frage, wie der Notar dies weiter aufklären kann und was er in der Urkunde vermerken soll. Ausgangspunkt ist, dass die in der Urkunde niedergelegten Wahrnehmungen als Beweismittel in einem späteren Rechtsstreit oder Erbscheinverfahren dienen sollen. Ziel einer praxisgerechten Lösung muss es daher sein, dem Richter und Sachverständigen Tatsachenmaterial zu liefern, welches für die Beurteilung der Geschäfts- und Testierunfähigkeit hilfreich ist.

a) Vorgehensweise des Richters

Wenn dem Nachlassrichter ein Erbscheinsantrag – und damit auch die Testamentsakten – vorgelegt werden, können sich für den Nachlassrichter Zweifel an der Testierfähigkeit ergeben, denen er im Rahmen seiner Amtsermittlungspflicht nach § 26 FamFG nachzugehen hat. In diesem Verfahrensstadium des Nachlassrichters lösen in der Urkunde gem. § 11 Abs. 1 S. 2 BeurkG niedergelegte Zweifel an der Geschäfts- und Testierfähigkeit – ohne weitere gem. § 28 BeurkG dokumentierte Wahrnehmungen – die Amtsermittlungspflicht des Nachlassrichters aus[330].

Die Frage des Anlasses der Prüfung der Testierunfähigkeit stellt sich für den Zivilrichter aufgrund des Verhandlungsgrundsatzes (Beibringungsgrundsatzes), wonach den Parteien die Beibringung der Tatsachen obliegt, die Entscheidungsgrundlage sein sollen[331], nicht.

Da die Voraussetzungen der Testierunfähigkeit mangels erforderlicher Fachkunde in aller Regel nicht vom Gericht allein, sondern nur mithilfe eines psychiatrischen Sachverständigen beurteilt werden können, wird der Richter in aller Regel einen psychiatrischen Sachverständigen mit der Begutachtung beauftragen[332].

Die Beweisfrage an den Sachverständigen lautet: „War der Erblasser wegen krankhafter Störung der Geistestätigkeit, wegen Geistesschwäche oder wegen Bewusstseinsstörung im Zeitpunkt der Testamentserrichtung nicht in der Lage, die Bedeutung einer von ihm abgegebenen Willenserklärung einzusehen (Einsichtsvermögen) und nach dieser Einsicht zu handeln (freie Willensbestimmung)?". Aufgabe des Richters ist es sodann, dem Sachverständigen mitzuteilen,

---
330 *Lier*, FF Sonderheft 1, April 2003, 90 (93).
331 Thomas/Putzo/*Reichold*, Einl. ZPO, Rn. 1.
332 *Lier*, FF Sonderheft 1, April 2003, 90 (93).

§ 14 Praktische Umsetzung 103

von welchem Sachverhalt er auszugehen hat. Die Begutachtung setzt voraus, dass der zu begutachtende Sachverhalt, die sogenannten Anknüpfungstatsachen, vom Gericht selbst ermittelt sind[333].
Zu prüfen ist somit, ob der Notar dem Sachverständigen einen Teil der Anknüpfungstatsachen liefern kann.

b) Vorgehensweise des Sachverständigen

Zu klären ist daher, welche Tatsachen für den Sachverständigen bei einer posthumen Begutachtung hilfreich sind.
Aufgabe des Sachverständigen ist es, einen psychischen Befund zu erheben, eine Diagnose zu stellen und aufgrund konkreter psychopathologischer Symptome diejenigen Voraussetzungen zu benennen, die für diese rechtliche Frage von Relevanz sind[334].
Die Begutachtung erfolgt daher zweistufig:
Erstens muss eine „krankhafte Störung der Geistestätigkeit", eine „Geistesschwäche" oder „Bewusstseinsstörung" festgestellt sein.
Zweitens muss diese psychische Störung nach Art und Schwere zu einer Aufhebung der Einsichts- und Handlungsfähigkeit geführt haben[335].
Unter psychiatrischen Aspekten gehören in die Gruppe der „krankhaften Störung der Geistestätigkeit" die schizophrenen Psychosen, die affektiven Psychosen und organischen Störungen. Unter den Begriff „Geistesschwäche" werden leichtere Grade der Geisteskrankheit, unter „Bewusstseinsstörungen" vorübergehende psychische Störungen (etwa Alkoholintoxikationen) subsumiert[336].
Für die Beurteilung ist jedoch nicht die Diagnose einer bestimmten psychischen Erkrankung (z.B. Demenz) oder die genaue nosologische Zuordnung im aktuell gültigen Klassifikationsschema (z.B. ICD-10) entscheidend, sondern deren Auswirkung auf die Einsichts- und Handlungsfähigkeit (2. Beurteilungsebene)[337]. Eine psychische Erkrankung schließt nicht zwangsläufig die Einsichts- und Handlungsfähigkeit aus[338].
Wesentliches Kriterium für die Einschätzung der Auswirkung auf die Urteilsfähigkeit sind Ausmaß und Intensität der psychopathologischen Symptome[339]. Ein Symptom ist definiert als kleinste Beschreibungseinheit psychopathologi-

---

333 *Lier*, FF Sonderheft 1, April 2003, 90 (93).
334 *Foerster*, in: Venzlaff/Foerster/Dreßing, S. 571
335 *Cording*, Fortschritte der Neurologie, Psychiatrie 2004, 147 (149).
336 *Foerster*, in: Venzlaff/Foerster/Dreßing, S. 569/570.
337 BayObLGZ 2, 403, 406; BayObLG NJOZ 2001, 2138 (2140).
338 BayObLG NJW-RR 2002, 1088 (1088).
339 *Foerster*, in: Venzlaff/Foerster/Dreßing, S. 570.

scher Phänomene. Es kann sich dabei entweder um beobachtbare Verhaltensweisen oder um vom Patienten berichtete Störungen handeln[340].

c) Ergebnis

Die Dokumentation psychopathologischer Symptome und der Motive der Testamentserrichtung sind für die spätere Begutachtung hilfreich.

d) Möglichkeiten des Notars

Der Notar kann keine psychische Erkrankung feststellen und deren Folgen für die Einsichts- und Handlungsfähigkeit beurteilen und auch keine psychische Erkrankung ausschließen. Demgegenüber kann der Notar die Motive der Testamentserrichtung aufklären und schriftlich niederlegen, indem er den Testierenden befragt, warum er das Testament errichten und bestimmte Personen als Erben einsetzen oder ausschließen möchte.

Zu prüfen ist, ob der Notar die für die Beurteilung der Testierunfähigkeit maßgebenden psychopathologischen Symptome wahrnehmen und so im Rahmen einer späteren Begutachtung wichtige Anknüpfungstatsachen liefern kann. Dabei hätte der Notar gegenüber dem psychiatrischen Sachverständigen einen Vorteil: Während der Sachverständige psychopathologische Symptome posthum feststellen und deren Schweregrad beurteilen muss, kann der Notar – sofern ihm dies als medizinischer Laie möglich ist – solche Symptome direkt im entscheidenden Zeitpunkt der Testamentserrichtung feststellen.

Für den Sachverständigen geht es bei einer späteren Begutachtung darum, psychiatrisch verwertbare Spuren anhand von Krankenblättern, Arztuntersuchungen und Zeugenaussagen zu finden und auszuwerten[341].

Dabei sind für die psychiatrische Beurteilung nicht die von fachfremden Personen verwendeten abstrakten Begriffe maßgeblich, sondern die dahinter stehenden Auffälligkeiten und konkreten Beobachtungen[342]. Insofern sollte auch durch den Notar eine Beschreibung in seiner Alltagssprache und nicht in medizinischen Begriffen erfolgen[343].

Die Diagnose einer psychischen Erkrankung durch den Sachverständigen erfolgt bei einem lebenden Probanden durch die Erhebung der Vorgeschichte (Anamnese), der Erhebung eines psychischen und psychopathologischen Befun-

---

340 *Foerster/Winckler*, in: Venzlaff/Foerster/Dreßing, S. 26.
341 *Cording*, in: Müller/Hajk, 37 (48).
342 *Cording*, Fortschritte der Neurologie, Psychiatrie 2004, 147 (153).
343 *Lichtenwimmer*, MittBayNot 2002, 240 (241).

§ 14 Praktische Umsetzung   105

des und zusätzlich einer körperlichen, insbesondere neurologischen Untersuchung[344]. Die einzelnen psychopathologischen Symptome werden durch die psychopathologische Befunderhebung im Rahmen eines Gesprächs durch eine Befragung und/oder Beobachtung, ggf. unterstützt durch testpsychologische Untersuchungen, erfasst. Es kann sich dabei entweder um beobachtbare Verhaltensweisen (Fremdbeurteilung) oder um vom Patienten berichtete Störungen (Selbstbeurteilung) handeln[345].

Dadurch entsteht die Idee, dass der Notar – neben der Aufklärung der Motive der Testamentserrichtung – psychopathologische Symptome, die bei der Beurteilung der Testierunfähigkeit eine wesentliche Rolle spielen, im Beurkundungstermin erfragen oder beobachten und diese dann protokollieren kann. Ihnen käme, da sie zeitnah und durch einen unabhängigen Dritten gewonnen werden, eine besondere Bedeutung im Rahmen einer späteren Begutachtung zu[346].

Der medizinischen Literatur ist zu entnehmen, dass aus Sicht des Psychiaters vor allem die folgenden psychopathologischen Symptome zu einer mangelnden Urteilsfähigkeit und somit zur Aufhebung der freien Willensbestimmung führen können[347]:

Orientierungsstörungen

Orientierungsstörungen zur Situation und zur Person bedingen Testierunfähigkeit, da das Wissen um die eigene Person und die Situation der Testamentserrichtung die Grundvoraussetzungen für eine freie Willensbestimmung sind[348].

Störungen der zeitlichen und örtlichen Orientierung können ein wichtiger Indikator für den Schweregrad der zugrunde liegenden Störung sein, müssen aber für sich allein genommen die Freiheit des Willensentschlusses nicht entscheidend beeinträchtigen, solange keine für die Entscheidungsfindung wesentlichen Umstände betroffen sind[349].

Orientierungsstörungen könnten durch Fragen des Notars im Beurkundungstermin zur Person (Name, Geburtstag, Geburtsort/Beruf/Familienstand), zum Ort (Stadtteil, Stockwerk), zur Situation (was wird gerade gemacht) und zur Zeit (Datum) verhältnismäßig einfach festgestellt und die Antworten in der Urkunde vermerkt werden.

---

344 *Foerster/Winckler*, in: Venzlaff/Foerster/Dreßing, S. 18.
345 *Fähndrich/Stieglitz*, S. 34/35.
346 *Lichtenwimmer*, MittBayNot 2002, 240 (242).
347 *Cording*, Fortschritte der Neurologie, Psychiatrie 2004, 147 (150-153).
348 *Cording*, Fortschritte der Neurologie, Psychiatrie 2004, 147 (150).
349 *Cording*, Fortschritte der Neurologie, Psychiatrie 2004, 147 (150).

Aufmerksamkeits-, Merkfähigkeits- und Gedächtnisstörungen

Das Oberlandesgericht München führt in einer neueren Entscheidung zu den Voraussetzungen der Testierunfähigkeit aus, dass „eine zielgerichtete Entscheidung nur dann möglich ist, wenn der zugrunde liegende Sachverhalt bekannt ist bzw. wenn der Prozess der Entscheidungsbildung, das Für und Wider einer Entscheidung vergegenwärtigt werden kann. Das setzt voraus, dass es dem Testierenden bei der Testamentserrichtung möglich ist, sich an Sachverhalte und Ereignisse zu erinnern, Informationen aufzunehmen, Zusammenhänge zu erfassen und Abwägungen vorzunehmen, wobei es für die Kritik- und Urteilsfähigkeit vor allem auf die Fähigkeit zum Verarbeiten aktueller Informationen und weniger auf das Abrufen alter Erinnerungen ankommt"[350]. Für den psychiatrischen Sachverständigen reicht es deshalb nicht, wenn nur Altgedächtnis-Bestände hinreichend verfügbar sind, weil zur Testamentserrichtung auch relevante Veränderungen in der unmittelbar vorangegangenen Zeit bei der Entscheidungsfindung berücksichtig werden müssen[351].

Denkbar ist, dass der Notar Hinweise auf Störungen des danach entscheidenden Kurzzeitgedächtnisses, also das Verarbeiten aktueller Informationen, ebenfalls durch Fragen im Beurkundungstermin und Dokumentation der Antworten geben kann.

Formale Denkstörungen

Dabei handelt es sich um Störungen des Denkablaufs wie Gedankenabreißen, Ideenflucht und insbesondere Zerfahrenheit[352]. Sie können bei allen schweren psychischen Erkrankungen auftreten. Sie können sowohl die Intentionsbildung als auch deren Realisierung stören und daher zum Ausschluss der freien Willensbestimmung führen[353].

Formale Denkstörungen werden durch den Psychiater während des Gesprächsverlaufs durch sorgfältiges Beobachten erschlossen[354]. Demzufolge werden sie daher für den ungeschulten Notar nur sehr schwer zu erkennen sein.

---

350 OLG München FamRZ 2007, 2009 (2011).
351 *Cording*, Fortschritte Neurologie, Psychiatrie 2004, 147 (149).
352 *Frank*, S. 17.
353 *Habermeyer/Saß*, Fortschritte der Neurologie, Psychiatrie 2002, 70 (72).
354 *Fähndrich/Stieglitz*, S. 67.

§ 14 Praktische Umsetzung 107

Krankhaft beeinträchtigter Realitätsbezug, Wahn und Sinnestäuschungen (Halluzinationen)

Beim Wahn handelt es sich um eine krankhaft falsche Überzeugung, bei der der Kranke trotz Unvereinbarkeit mit der Realität unkorrigierbar bleibt[355]. Bei der Sinnestäuschung wird eine vermeintliche Wahrnehmung von etwas nicht oder in der wahrgenommenen Form nicht Vorhandenem als gegeben angenommen[356]. Wahn, Sinnestäuschungen und andere krankheitsbedingte Realitätsverkennungen können nach der psychiatrischen Literatur für sich allein genommen allerdings nur dann Testierunfähigkeit begründen, wenn sie sich inhaltlich auf einen für die Testamentserrichtung wesentlichen Sachverhalt erstrecken (z.B. potenzielle Erben, die bewusst von der Erbfolge ausgeschlossen werden)[357]. Im Alter am häufigsten sind Beeinträchtigungs- und Bestehlungswahn[358].

Danach betreffen Wahnvorstellungen die 2. Ebene der Einsichts- und Handlungsfähigkeit. Der Notar hat im Rahmen der Testamentserstellung die gesetzliche Erbfolge zu klären und wird dabei immer fragen, warum jemand als Erbe eingesetzt werden soll und warum andere gesetzliche Erben von der Erbfolge ausgeschlossen werden sollen. Der dafür sensibilisierte Notar kann durch gezieltes Nachfragen nach dem Beweggrund der Einsetzung einer bestimmten Person bzw. dem Ausschluss anderer Personen wichtige Hinweise auf einen Verlust des normalen Realitätsbezugs geben, indem er die Antworten dazu festhält.

Demgegenüber wird gezieltes Nachfragen, das auf Wahnvorstellungen und Sinnestäuschungen, insbesondere auf „Stimmenhören" abzielt, häufig nicht zum Erfolg führen, sondern lediglich Verärgerung beim Testierenden hervorrufen.

Übertriebenes Misstrauen, Befürchtungen und Zwänge

Befürchtungen und Zwänge führen als solche grundsätzlich nicht zur Aufhebung der freien Willensbestimmung. Eine Ausnahme kann bei einem krankhaften Misstrauen bestehen[359]. Allerdings dürften gezielte Fragen des Notars, wie: „Sind Sie in letzter Zeit irgendwie misstrauisch gegenüber bestimmten Mitmenschen?" nicht zum Erfolg führen, weil sich der Testierende selbst nicht als misstrauisch erlebt. Es können sich aber bei der Aufklärung der Motive für die Erbeinsetzung und den Ausschluss bestimmter Personen von der Erbfolge Hinweise auf ungerechtfertigte Unterstellungen gegenüber diesen Personen ergeben, was dann nä-

---

355 *Frank*, S. 13.
356 *Frank*, S. 10.
357 *Wetterling*, FF Sonderheft 1, April 2003, 94 (97).
358 *Cording*, Fortschritte der Neurologie, Psychiatrie 2004, 147 (152).
359 *Cording*, Fortschritte der Neurologie, Psychiatrie 2004, 147 (152).

her hinterfragt werden kann. Die Antworten des Testierenden können durch den Notar dokumentiert werden.

Ich-Störungen

Ich-Störungen, bei der eigene seelische Vorgänge, Zustände und Akte als von Außen her und von Außen gemacht, gelenkt und beeinflusst erlebt werden[360], verhindern die freie Willensbildung, spielen allerdings bei der Testierfähigkeitsbegutachtung praktisch kaum eine Rolle[361].

Störungen der Affektivität

Dabei handelt es sich um Störungen des Gefühlslebens, der Stimmung und des Affekts[362]. In ihrer Qualität und/oder Dynamik veränderte Affekte können die Freiheit der Entscheidungsfindung und Willensbildung ebenso beeinträchtigen wie rein kognitive Defizienzen[363]. Regelmäßig ist dies bei depressiven Syndromen, krankhaft bedingter Euphorie, Affektverflachung, Apathie oder Gereiztheit, Größenwahn und bei depressiven Wahngedanken (z.B. Schuld-, Verarmungs- oder nihilistischem Wahn) oder grundloser Aggressivität der Fall[364].
Im Rahmen hirnorganischer bzw. demenzieller Prozesse kommt es bei verminderter kognitiver Kompetenz häufig zu einer Affektdominanz, d.h. Affekte wirken sich ungebremst verhaltensdeterminierend aus, wenn der regulierende Einfluss kognitiver Konzepte und Gegenvorstellungen (bezüglich Konsequenzen, möglicher Alternativen, etc.) fehlt. Bei pathologischer Affektdominanz ist ein vernünftiges Abwägen und damit eine freie Willensbestimmung nicht mehr möglich[365].
Die Symptome einer hirnorganisch bedingten Stimmungsveränderung wie eine inadäquat gehobene Stimmung (Euphorie) sowie vor allem Bagatellisierungstendenzen und eine mangelnde Ernstwertung als auch die Symptome eines depressiven Zustandes sind für den Psychiater gut zu beobachten[366]. Denkbar ist, dass dem Notar eine unpassende gehobene Stimmung oder eine besondere Antriebsarmut und Niedergeschlagenheit auffällt, wenn er dafür sensibilisiert ist. Der Notar kann dann näher nachfragen und die Antworten oder lediglich seine

---

360 *Frank*, S. 25.
361 *Cording*, Fortschritte der Neurologie, Psychiatrie 2004, 147 (152); Müller, S. 81.
362 *Frank*, S. 10.
363 BayObLG NJW 1992, 2100 (2100).
364 *Cording*, Fortschritte der Neurologie, Psychiatrie 2004, 147 (153).
365 *Cording*, Fortschritte der Neurologie, Psychiatrie 2004, 147 (153).
366 *Müller*, S. 89.

§ 14 Praktische Umsetzung

Beobachtungen in der Urkunde vermerken. Allerdings wird es in der Praxis selten vorkommen, dass ein hochgradig Depressiver ein Testament beurkunden lässt.

Intelligenzminderung

Bei einer angeborenen Intelligenzminderung ist erst unterhalb eines Intelligenzquotienten von 60 mit einem Fehlen von Testierfähigkeit zu rechnen. Allerdings ist eine Person, deren intellektuelle Fähigkeiten nicht ausreichen, bestimmte schwierige rechtliche Beziehungen zu erfassen, deswegen noch nicht geschäfts- oder testierunfähig, sofern sie ihren Willen frei bestimmen kann[367].

Eine Intelligenzminderung unterhalb eines Intelligenzquotienten von 60 wird sich dem Notar während des Beurkundungsgesprächs in der Regel aufdrängen.

Fehlen von Krankheitseinsicht

In der psychiatrischen Begutachtungspraxis lässt sich mangelnde Einsichts- und Handlungsfähigkeit häufig besonders klar an dem Fehlen von Krankheitseinsicht und daraus resultierender Uneinsichtigkeit in die erforderlichen Konsequenzen erkennen. Ein typischer Fall ist, dass ein Testator sich im Verlauf einer beginnenden Demenz (z.B. während Verwirrtheitszustände) erheblich gefährdet, das aber auch rückblickend nicht einsieht, bagatellisiert und Hilfe ablehnt. Die Ärzte empfehlen eine Heimunterbringung oder Betreuung, die Angehörigen veranlassen dies, aber der Betroffene erlebt das infolge krankheitsbedingter Uneinsichtigkeit als ungerechtfertigte Schikane, unterstellt seinen Angehörigen ein böswilliges Motiv und enterbt sie[368].

Hinweise auf mangelnde Krankheitseinsicht können durch den Notar durch gezieltes Befragen nach dem Grund des Aufenthaltes in einem Pflegeheim, Krankenhaus oder der Einrichtung einer Betreuung dokumentiert werden.

Zusammenfassend sollte das Augenmerk des Notars somit auf folgende psychopathologische Symptome gelegt werden:

- Orientierungsstörungen, insbesondere auch zur Person und Situation,
- Störungen des Neugedächtnisses, der Aufmerksamkeit und Konzentration,
- formale Denkstörungen (Gedankenabreißen, Ideenflucht und insbesondere Zerfahrenheit),
- Bewusstseinsstörungen in Form von Schläfrigkeit, Verwirrtheit oder „Abwesenheit", evtl. Apathie,

---

367 KGR Berlin 1995, 142 (143); BayObLG NJW 1992, 2100 (2101).
368 *Cording*, Fortschritte der Neurologie, Psychiatrie 2004, 147 (150).

5. Teil: Feststellungen des Notars zur Testierfähigkeit

- krankhaft beeinträchtigter Realitätsbezug, Wahnvorstellungen und Sinnestäuschungen,
- übertriebenes Misstrauen,
- Störungen der Affektivität (Depressivität, Euphorie, stark schwankende oder heftige Affekte), Antriebsstörungen,
- mangelnde Krankheitseinsicht bzw. mangelnde Einsicht in die eigenen Leistungsdefizite.

e) Ergebnis

Der Notar kann nicht zuverlässig beurteilen, ob der Testierende testierunfähig ist. Aufklären kann der Notar aber die Motive der Erbeinsetzung und des Ausschlusses bestimmter Personen von der Erbfolge, und er kann damit dem Richter und Sachverständigen wichtige Anknüpfungstatsachen für die Beurteilung der 2. Ebene der Einsichts- und Handlungsfähigkeit liefern. Denkbar ist auch, dass der Notar, der für die aufgelisteten psychopathologischen Symptome sensibilisiert ist, Hinweise auf diese im Beurkundungsgespräch durch Fragen und schriftliche Niederlegung der Antworten oder durch eigenes Beobachten urkundlich protokollieren und dadurch ebenfalls wichtige Anknüpfungstatsachen liefern kann.

f) Anhaltspunkte, um in die Prüfung der Testierfähigkeit einzusteigen

Da der Notar zur Prüfung der Testierunfähigkeit nur im Falle von konkreten Anhaltspunkten veranlasst und berechtigt ist, sind diese aufzuzeigen.
Testierunfähigkeit kann insbesondere gegeben sein bei[369]:

- organisch bedingten psychischen Störungen, insbesondere Demenzen (über 50% der Fälle),
- psychischen Störungen durch psychotrope Substanzen (ca. 10% der Fälle, vor allem alkoholische Wesensänderung),
- Schizophrenie und ähnlichen Störungen (ca. 5-10% der Fälle),
- Affektive Störungen (Euphorische Zustände, Depressionen, selten)
- Intelligenzminderung (Geistige Behinderung, Oligophrenie, selten).

---

369 Die Übersicht wurde dem Vortrag „Feststellung der Testier(un)fähigkeit aus medizinischer Sicht" von Prof. Dr. Clemens Cording am 14.02.2007 bei der Notarakademie Baden-Württemberg zum Thema: „Das nachlassgerichtliche Verfahren, Schwerpunkt: Beweiserhebung zur Testier(un)fähigkeit" entnommen.

§ 14 Praktische Umsetzung

Folgende Anhaltspunkte geben daher Anlass zur Prüfung:

Hohes Lebensalter (vor allem > 80 Jahre)

Betrachtet man die Gesamtheit aller psychischen Störungen im Alter, so leidet ein Viertel bis ein Drittel aller älteren Menschen an psychischen Beeinträchtigungen. Dabei nimmt das Risiko, an Demenz zu erkranken, mit steigendem Alter exponentiell zu. So leiden 1,4% der 65- bis 69-jährigen, aber über 30% der über 90-jährigen an demenziellen Erkrankungen[370].

Allerdings besteht die Vermutung der vollen Geschäfts- und Testierfähigkeit auch im hohen Lebensalter. Daher darf nicht jeder ältere Erblasser mit Testierfähigkeitszweifeln überzogen werden, zumal die Testamentserrichtung vor dem Notar meist erst im hohen Lebensalter geschieht. Praktisch müsste der Notar dann immer die Testierunfähigkeit näher prüfen.

Der Notar sollte sich aber der Tatsache, dass mit zunehmendem Lebensalter das Risiko an Demenz zu erkranken steigt, bewusst sein und auf Orientierungsstörungen sowie auf die Aufmerksamkeits-, Merkfähigkeits- und Gedächtnisleistung, insbesondere das Verarbeiten aktueller Informationen, achten. Fragen zur Person und zur zeitlichen Orientierung können in das Einstiegsgespräch beim Beurkundungstermin integriert werden. Ergeben sich daraus Hinweise für Orientierungsstörungen, sollte der Notar die Testierunfähigkeit näher prüfen.

Betreuung

Die Vermutung der vollen Geschäfts- und Testierfähigkeit gilt nach ständiger Rechtsprechung auch für Betreute, bei denen eine psychische Krankheit bzw. geistige Behinderung gegeben ist, die sich auf die Willensbildung auswirken kann[371]. Die Bestellung eines Betreuers hat für den Betreuten keinen Einfluss auf seine Geschäfts- und Testierfähigkeit. Maßgebend bleiben die in den §§ 104 Nr. 2, 105 Abs. 1, 2229 Abs. 4 enthaltenen Regelungen[372].

Anlass, der Testierfähigkeit näher nachzugehen, hat der Notar, wenn ihm bekannt wird, dass für den Testierenden eine Betreuung wegen einer psychischgeistigen Beeinträchtigung (z.B. Demenz) und nicht einer bloß körperlichen Erkrankung (z.B. Lähmung) eingerichtet ist.

---

370 *Stoppe/Lichtenwimmer*, DNotZ 2005, 806 (806); *Wetterling*, FF Sonderheft 1, April 2003, 94 (94).
371 BayObLG FamRZ 1994, 593, (594).
372 S.o. 2. Teil, § 3 IX.

5. Teil: Feststellungen des Notars zur Testierfähigkeit

Heimunterbringung/ambulanter Pflegedienst/Beurkundung im Krankenhaus oder im Pflegeheim

Eine Pflegebedürftigkeit kann aufgrund einer psychischen Erkrankung oder einer Schwerbehinderung wegen einer psychischen Erkrankung (z.b. Demenz, Psychosen, Sucht oder Schlaganfall) bestehen, die eine Heimunterbringung oder einen ambulanten Pflegedienst erforderlich macht. In Deutschland leiden heute über 60% der Heimbewohner an einer Demenz[373]. Auch ein Krankenhausaufenthalt, insbesondere älterer Menschen, kann durch eine psychische Erkrankung oder deren Auswirkungen (z.b. Stürze oder Unterernährung infolge einer Demenzerkrankung) veranlasst sein. Bei Beurkundungen in einem Pflegeheim oder Krankenhaus oder bei einer ambulanten Pflege oder Versorgung durch Dritte sollte der Notar daher immer nach dem Grund des Aufenthaltes bzw. der Notwendigkeit der Hilfe durch Dritte fragen.

Begleitung des Testierenden (besonders durch die Person, die in dem Testament als Erbe eingesetzt wird)

Die Begleitung des Testierenden durch die Person, die in dem Testament als Erbe eingesetzt wird, kann auf eine Fremdbeeinflussbarkeit hindeuten. Organisiert der potentielle Erbe den Beurkundungstermin (Terminsabsprache, Mitteilung von Änderungswünschen), besteht ebenfalls Anlass, die Testierunfähigkeit näher zu prüfen. Gleiches gilt für den Fall, dass der Testierende durch die Person, die als Erbe eingesetzt wird, versorgt bzw. gepflegt wird[374].

Kenntnis vorangegangener oder bestehender psychischer und/oder neurologischer Erkrankungen (z.b. Demenz, Psychosen, Sucht, Schlaganfall)

Hat der Notar Kenntnis von einer psychischen oder auch neurologischen Erkrankung wie Demenz, Psychosen, Sucht oder Schlaganfall, besteht ebenfalls Anlass, die Testierunfähigkeit zu prüfen.

---

373 *Bickel*, in Wallesch/Förstl, S. 1-15.
374 OLG Celle MittBayNot 2008, 492 (494), Die Einsetzung einer externen Pflegekraft gibt Anlass, der Frage der Testierunfähigkeit nachzugehen.

V. Umsetzung

1. Dokumentation der psychopathologischen Auffälligkeiten

Die Prüfung und Dokumentation einiger psychopathologischer Symptome könnte durch die Verwendung psychopathologischer Kurztests, wie der den Fragebögen beigefügte Mini-Mental-Status-Test, erfolgen. So wird vorgeschlagen, Screening-Verfahren (Kurztests), die in Medizin und Psychologie entwickelt wurden, in die notarielle Praxis einzuführen. Durch ein negatives Screening-Ergebnis könne eine für die Geschäftsfähigkeit relevante psychische Störung mit an Sicherheit grenzender Wahrscheinlichkeit ausgeschlossen werden[375]. Als Kurztests werden der Mini-Mental-Status-Test, der Uhrenzeichentest, der DEMTECT-Test und ein Test zur Früherkennung der Demenz mit Depressionsabgrenzung und die geriatrische Depressionsskala genannt[376].

Gegen die Anwendung solcher Tests spricht zunächst, dass die Auswertung der Fragebögen (7. Frage) vermuten lässt, dass eine Verwendung des Mini-Mental-Status-Test in der Praxis keine Akzeptanz finden würde.

Die medizinische Literatur wendet gegen die Verwendung solcher Kurz-Tests durch den Notar ein, dass keiner der Tests zu dem Zweck entwickelt wurde, die Rechtsfrage Geschäfts- und Testierunfähigkeit festzustellen oder auszuschließen. Die genannten Kurztests können dem Psychiater lediglich als Bausteine auf dem Wege zur Diagnose eines Demenzsyndroms oder einer depressiven Störung dienen. So dienen der Mini-Mental-Status-Test und der Uhrenzeichentest dem Psychiater dazu, bei minimalem Aufwand einige typische Demenzsymptome kognitiver Art festzustellen, sie dienen aber weder der Diagnose noch dem Ausschluss einer demenziellen Erkrankung[377]. In diesem Zusammenhang wird auf die hohe Rate der falsch negativen Befunde der genannten Kurz-Tests hingewiesen. So sei der Mini-Mental-Status-Test lediglich zum Nachweis, nicht aber zum Ausschluss von schwerem Abbau (Demenz) und nicht zur Erfassung leichter/mittelschwerer Hirnleistungsminderungen geeignet[378]. Aufgrund der Schwierigkeit der Begutachtung der Geschäfts- und Testierunfähigkeit durch den Psychiater sei es deshalb unmöglich, dass der Notar mit Hilfe solcher Kurztests ohne psychiatrische Fachkenntnisse, ohne Kenntnis der medizinisch-psychiatrischen Vorgeschichte und der Befunde und ohne Fremdanamnesen eine psychische Er-

---

375 *Stoppe*, DNotZ 2005, 805 (813).
376 *Stoppe*, DNotZ 2005, 805 (809).
377 *Cording/Foerster*, DNotZ 2006, 329 (330/331).
378 *Cording/Foerster*, DNotZ 2006, 329 (332).

krankung mit Wahrscheinlichkeit ausschließen könne. Die Gefahr falscher Schlussfolgerungen sei daher größer als der potentielle Nutzen[379].

Darüber hinaus ist gegen die Verwendung dieser Tests einzuwenden, dass es nach der Rechtsprechung weniger auf das Feststellen oder den Ausschluss einer psychischen Erkrankung, sondern auf die Auswirkungen einer psychischen Erkrankung auf die Einsichts- und Handlungsfähigkeit ankommt. Dazu führt die medizinische Literatur aus, dass der Mini-Mental-Status-Test lediglich die typischen Demenzsymptome wie Störungen des Gedächtnisses und der Orientierung und weitere kognitive Störungen erfasse, die aber bei der psychiatrischen Begutachtung der Testierunfähigkeit nur eine untergeordnete Bedeutung haben. Dort komme es in erster Linie darauf an, dass die Voraussetzungen einer freien Willensbestimmung nicht mehr gegeben waren, wofür vor allem die nicht-kognitiven Symptome wie krankheitsbedingte Uneinsichtigkeit, Verlust des normalen Realitätsbezugs, pathologische Affektdominanz und Fremdbeeinflussbarkeit ausschlaggebend seien, die von den genannten Kurztests nicht erfasst und deshalb ungeeignet seien, um das Vorliegen einer für die Geschäfts- und Testierunfähigkeit relevanten Störung ausschließen zu können. Zudem würden die vorgeschlagenen Kurztests der Feststellung einer Demenzerkrankung dienen, die zwar mit etwa 60% die häufigste zur Testierunfähigkeit führende psychische Krankheit ist, aber eben in ca. 40% der Fälle andere psychiatrische Erkrankungen zugrunde liegen, die von den genannten Demenz-Tests nicht erfasst werden[380].

Aus den genannten Gründen ist die Verwendung von Kurz-Tests abzulehnen. Danach gilt es, eine Checkliste zu entwickeln, die wenigstens einige der für die Beurteilung der Geschäfts- und Testierunfähigkeit relevanten psychopathologischen Symptome zu erfassen hilft, insbesondere auch die Motive der Testamentserrichtung zur Beurteilung der Einsichts- und Handlungsfähigkeit festhält und sich so in das Beurkundungsverfahren integrieren lässt, dass sich der Beteiligte auch aus Sicht des Notars nicht diskriminiert fühlt.

2. Ermächtigungsgrundlage

Ermächtigungsgrundlage für den durch diese Prüfung und Dokumentation des psychisch-geistigen Zustandes erfolgenden Eingriff in das Grundrecht auf informationelle Selbstbestimmung ist § 28 BeurkG[381]. Das Grundrecht auf informationelle Selbstbestimmung fordert von dem Notar, dass die Aufklärung der

---

379 *Cording/Foerster*, DNotZ 2006, 329 (333).
380 *Cording/Foerster*, DNotZ 2006, 329 (331).
381 S.o. 2. Teil, § 5 IV.

Testierunfähigkeit nicht heimlich durchgeführt wird[382]. Da der Eingriff bereits in dem Zeitpunkt erfolgt, in dem der Notar mit der Prüfung des psychisch-geistigen Zustandes beginnt[383], muss der Notar, sobald sich Anhaltspunkte für eine nicht vorhandene Testierfähigkeit ergeben, darauf hinweisen, dass das Gesetz den Notar verpflichtet, die Testierunfähigkeit zu prüfen, und dass es deshalb für die eigene Sorgfaltspflicht und die Absicherung des Testaments erforderlich ist, eine solche Prüfung durchzuführen. Dies dürfte durch den Testierenden auch akzeptiert werden[384].

Willigt der Testierende in die Prüfung nicht ein, ist der Notar dennoch berechtigt, diese durchzuführen. Insofern schränkt § 28 BeurkG das Grundrecht auf informationelle Selbstbestimmung in zulässiger Weise ein[385].

3. Getrennt zu verlesende Tatsachenbescheinigung

Der Notar kann seine Wahrnehmungen in der Testamentsurkunde selbst vermerken. Dies könnte die Testamentsurkunde aber überfrachten. Daher bietet es sich an, die Wahrnehmungen und die gestellten Fragen in einer getrennten Tatsachenbescheinigung niederzulegen. Da es sich nicht um eine Willenserklärung, sondern um Wahrnehmungen des Notars handelt, kann der Notar gem. §§ 36, 37 BeurkG eine gesonderte Niederschrift aufnehmen. Diese gesonderte Niederschrift muss der Notar im Hinblick auf das Grundrecht auf informationelle Selbstbestimmung verlesen und von dem Testierenden genehmigen lassen, was durch dessen Unterschrift dokumentiert werden kann. Zudem sind gem. § 37 Abs. 2 BeurkG Ort und Tag der Wahrnehmungen des Notars sowie Ort und Tag der Errichtung der (Testaments-)Urkunde anzugeben. Gem. § 37 Abs. 3 i.V.m. § 13 Abs. 3 BeurkG ist die gesonderte Niederschrift durch den Notar zu unterschreiben.

Diese Urkunde begründet gem. § 418 Abs. 1 ZPO den vollen Beweis der darin niedergelegten Tatsachen und erfüllt somit den Zweck des § 28 BeurkG.

§ 15 Liste mit Symptomen und Methode ihrer Feststellung

Die nachfolgenden Fragen wurden in Anlehnung an den Leitfaden zur Erfassung des psychopathologischen Befundes, herausgegeben von Fähndrich/Stieglitz,

---

382 S.o. 2. Teil, § 5 V.
383 S.o. 2. Teil, § 5 III.
384 *Stoppe/Lichtenwimmer*, DNotZ 2005, 806 (813).
385 S.o. 2. Teil, § 5 IV.

3. Auflage 2007, entwickelt, indem die dortigen Fragen derjenigen psychopathologischen Symptome, die für die Frage der Testierunfähigkeit von wesentlicher Bedeutung sind, auf die Beurkundungssituation zugeschnitten wurden. Die Fragen sind als Vorschläge und – insbesondere bei den Motiven – nicht abschließend zu verstehen.

Die Definitionen der psychopathologischen Symptome wurden Frank, Psychiatrie, 15. Auflage 2007, entnommen.

Der Fragenkatalog dient dazu, dem Gericht und Sachverständigen einen Teil der Anknüpfungstatsachen für eine spätere Begutachtung bzw. für die Entscheidungsfindung, ob ein Gutachten in Auftrag gegeben wird, zu liefern. Selbstverständlich kann die Frage der Geschäfts- und Testierunfähigkeit nicht allein durch einen solchen Katalog geklärt werden, weil es auch auf die genaue Kenntnis der Vorgeschichte (Krankenakten, Betreuungsakte, fremdanamnestische Auskünfte) ankommt und diese Kenntnisse dem Notar in der Regel nicht zur Verfügung stehen.

Der Fragenkatalog, insbesondere die Fragen zu den Motiven sollten immer unter vier Augen mit dem Testator besprochen werden[386].

Im Hinblick auf die spätere Verwendung als Tatsachenmaterial für den Sachverständigen sollte der Notar bei der Protokollierung keine psychischen Fachbegriffe verwenden, sondern in der Alltagssprache wörtlich wiedergeben, was der Testierende auf eine Frage geantwortet hat („spiegeln"). Die Antworten des Testierenden sollten wortgetreu wiedergegeben werden.

Diejenigen psychopathologischen Symptome, die der Notar nur oder eher durch Beobachten feststellen soll, sind kursiv gedruckt.

Unter A) wird eine Formulierung für den Fall, dass sich dem Notar keine Anhaltspunkte für Geschäfts- und Testierunfähigkeit aufgedrängt haben, vorgeschlagen. Dies sind diejenigen Fälle, in denen der Notar die Geschäfts- und Testierfähigkeit bisher positiv festgestellt hat.

Unter B) und C) werden erste Anhaltspunkte, die den Notar veranlassen sollen, die Geschäfts- und Testierunfähigkeit zu prüfen, aufgeführt, nämlich allgemeine äußere Umstände:

B) Betreuung – Heimunterbringung/ambulanter Pflegedienst – Beurkundung im Krankenhaus/Pflegeheim
C) Hohes Lebensalter (vor allem über 80 Jahre)

Die tabellarische Darstellung dient dazu, dass der Notar nach einer ersten Einteilung eines Anhaltspunktes unter B) oder C) zu den Zeilenblöcken D) bis E) springen kann, um die in der 3. Spalte vorgeschlagenen Fragen abzuarbeiten. Die

---

386 Vgl. OLG Celle MittBayNot 2008, 492 (495).

§ 15 Liste mit Symptomen und Methode ihrer Feststellung   117

wörtlichen Antworten des Testierenden und die eigenen Beobachtungen trägt er in die 4. bzw. 3. Spalte ein, wenn die Feststellungen nur auf eigene Beobachtungen beruhen.

Bei den ersten Anhaltspunkten unter B) und C) muss der Notar offen legen, dass er nach dem Gesetz verpflichtet ist, die Geschäfts- und Testierunfähigkeit aufzuklären und dazu Angaben im Testament zu machen (= Einstieg).

Der Notar sollte unter B) nachfragen, warum die Betreuung angeordnet ist, warum die Hilfe durch den Pflegedienst benötigt wird oder warum sich der Testierende im Krankenhaus/Pflegeheim befindet.

Da auch bei jedem älteren Menschen stets von Testierfähigkeit auszugehen ist, sollte der Notar unter C) im Rahmen der allgemeinen Befragung nach den Personendaten abklären, ob sich Hinweise auf Orientierungsstörungen zur Person, zur Zeit, zum Ort und zur Situation sowie Aufmerksamkeits- und Konzentrationsstörungen ergeben.

Dabei ist wichtig zu wissen, dass nach der medizinischen Literatur Orientierungs- und Gedächtnisstörungen nur als typische Symptome einer organisch bedingten Psychose, insbesondere also einer Demenz, genannt werden. Bei den Schizophrenien und Affektiven Störungen werden Orientierungs- und Gedächtnisstörungen nicht als typische psychopathologische Symptome genannt[387].

Ergeben sich nunmehr Hinweise auf eine psychische Erkrankung, sollte der Notar unter D) in jedem Fall die Motive der Testamentserrichtung aufklären. Dies betrifft zwar erst die 2. Ebene der Einsichtsfähigkeit, liefert dem Gericht und Sachverständigen aber wichtige Anknüpfungstatsachen, die deshalb vorrangig aufzuklären sind. Dabei sind die vorgeschlagenen Fragen nicht als abschließende Aufzählung zu verstehen.

Ergeben sich Hinweise auf einen depressiven oder euphorischen Zustand, kann der Notar unter E) seine Beobachtungen dazu festhalten.

Die Wichtigkeit der Prüfung von D), aber auch E) ergibt sich daraus, dass nach der psychiatrischen Literatur für die Beurteilung der Testierunfähigkeit Orientierungs- und Gedächtnisstörungen oft nicht die ausschlaggebende Rolle spielen, sondern Symptome wie krankheitsbedingte Uneinsichtigkeit, Verlust des normalen Realitätsbezugs, pathologische Affektdominanz und/oder Fremdbeeinflussbarkeit[388]. Hinweise auf pathologische Affektdominanz sollen unter E) festgehalten werden, krankheitsbedingte Uneinsichtigkeit, Verlust des normalen Realitätsbezugs und Fremdbeeinflussbarkeit betreffen die Einsichtsfähigkeit unter D).

---

387 *Frank*, S. 41/52/85.
388 *Cording/Foerster*, DNotZ 2006, 329 (333).

Der ausgefüllte Fragebogen muss dem Testierenden vorgelesen, genehmigt und von ihm und dem Notar eigenhändig unterschrieben werden. Ist ein Dritter als Zeuge zugegen, muss auch dieser unterschreiben, § 29 S. 1 BeurkG. Der Fragebogen wird der Niederschrift beigefügt und mit in die amtliche Verwahrung gegeben.

§ 16 Kurzanleitung

Der Fragenkatalog sollte immer unter vier Augen mit dem Testator besprochen werden.

Diejenigen psychopathologischen Symptome, die der Notar nur oder eher durch Beobachten feststellen soll, sind *kursiv* gedruckt.

Der Fragebogen ist wie folgt unterteilt:

A) Keine Anhaltspunkte für Geschäfts- und Testierunfähigkeit:
    Dies ist festzustellen. Die Prüfung ist beendet.
B) und C) Es liegen Anhaltspunkte vor, um in die Prüfung der Geschäfts- und Testierunfähigkeit einzusteigen:

Jetzt ist offenzulegen, dass die Geschäfts- und Testierunfähigkeit geprüft wird.

B) = Anhaltspunkte: Betreuung – Heimunterbringung/ambulanter Pflegedienst – Beurkundung im Krankenhaus/Pflegeheim
C) = Anhaltspunkt: Hohes Lebensalter (vor allem über 80 Jahre)

Wenn Anhaltspunkte unter B) und/oder C) vorliegen, sind die Fragen zu B) und/oder C) abzuarbeiten.

Wenn danach Anhaltspunkte für eine psychische Erkrankung vorliegen:
Immer Fragen zu den Motiven unter D) abarbeiten (keine abschließende Aufzählung)

Ggf. zusätzlich E), wenn Hinweise auf einen euphorischen oder depressiven Zustand vorliegen.

Fragebogen muss vorgelesen, genehmigt und unterschrieben werden (ggf. Unterschrift des Zeugen). Der Fragebogen wird mit in die amtliche Verwahrung gegeben.

§ 16 Kurzanleitung

A) Keine Anhaltspunkte für Geschäfts- und Testierunfähigkeit
Formulierungsvorschlag: Er/Sie erklärte, nachdem sich während der mit dem/den Beteiligten geführten Unterredung/Verhandlung keine Bedenken hinsichtlich einer Geschäfts- und Testierunfähigkeit des/der Beteiligten ergaben, ...

B) Anhaltspunkt: Betreuung – Heimunterbringung/ambulanter Pflegedienst – Beurkundung im Krankenhaus/Pflegeheim	
Einstieg: Offenlegung der Aufklärungspflicht Nach dem Gesetz bin ich verpflichtet, im Testament Angaben zur Testierfähigkeit zu machen. Sind Sie damit einverstanden, dass ich dazu etwas notiere und Ihnen später vorlese?	
Einstiegsfrage bei Betreuung – Heimunterbringung/ambulanter Pflegedienst-Beurkundung im Krankenhaus/Pflegeheim	
Wie geht es Ihnen? Wie war Ihr Befinden in den letzten Tagen?	**Wortgetreue Wiedergabe der Antworten**
Sie haben einen Betreuer, wie kam es dazu?	
Leben Sie allein in Ihrer Wohnung/Ihrem Haus? Hilft Ihnen jemand bei den Hausarbeiten/finanziellen Angelegenheiten/Schriftverkehr? Werden Sie von einem ambulanten Pflegedienst betreut? Wie kam es dazu?	
Seit wann sind Sie im Krankenhaus/Pflegeheim? Wie kam es dazu?	

5. Teil: Feststellungen des Notars zur Testierfähigkeit

C) Hohes Lebensalter (vor allem > 80 Jahre)			
Einstieg: Offenlegung der Aufklärungspflicht			
Nach dem Gesetz bin ich verpflichtet, im Testament Angaben zur Testierfähigkeit zu machen. Sind Sie damit einverstanden, dass ich dazu etwas notiere und Ihnen später vorlese?			Wortgetreue Wiedergabe der Antworten
Einstiegsfrage			
Wie geht es Ihnen? Wie war Ihr Befinden in den letzten Tagen?			
Symptom	**Differenziert**	**Vorschlag**	**Wortgetreue Wiedergabe der Antworten/*Eigene Beobachtungen***
Orientierungs-Störungen	Person	Frage nach - Name - Geburtstag/Geburtsort - Beruf - Familienstand/Ehe-/Lebenspartner - Noch lebende Verwandte	
	Zeitlich	Welches Datum haben wir heute?	
	Örtlich	Können Sie mir sagen, wo wir uns befinden? (Stadtteil)	
	Situation	Was machen wir gerade? Welchen Beruf habe ich?	
Aufmerksamkeit/Konzentration	*Unfähig, dem Gespräch zu folgen, bei der Sache zu bleiben*		

§ 16 Kurzanleitung

D) Einsichtsfähigkeit (sollte immer ohne Anwesenheit Dritter besprochen werden)			
Ist eine dritte Person anwesend?			
Als Zeuge gem. § 29 BeurkG?			
Um wen handelt es sich (Art der Beziehung)?			
Symptom	Differenziert	Vorschlag	Wortgetreue Wiedergabe der Antworten/*Eigene Beobachtungen*
Motive/Gedächtnisstörungen	Fähigkeit, aktuelle Informationen zu verarbeiten	Wie setzt sich der Nachlass zusammen?	
		Welchen Wert hat der Nachlass?	
		Was soll mit dem Testament erreicht werden?	
		Gibt es ein früheres Testament/Erbvertrag?	
		Wenn ja, was ist der Grund für die Änderung?	
		Gab es frühere Schenkungen, sonstige Vermögensdispositionen?	
		Wer soll als Erbe/Vorerbe/Nacherbe/ Vermächtnisnehmer/ Begünstigter der Auflage eingesetzt werden?	
		Woher kennen Sie diese Person?	
		Stehen Sie mit dieser Person in regelmäßigem Kontakt?	
		Was ist der Grund für die Einsetzung des Erben/ Vor-, Nacherben/Vermächtnisnehmer/ Begünstigten?	
		Wann haben Sie die Entscheidung getroffen? War es Ihre Idee?	
		Wer würde erben, wenn kein Testament errichtet würde?	

Symptom	Differenziert	Vorschlag	Wortgetreue Wiedergabe der Antworten/*Eigene Beobachtungen*
		Mit welchen – weiteren – Personen stehen Sie in regelmäßigem Kontakt?	
		Wer kümmert sich um Sie?	
		Wer steht Ihnen nahe?	
		Wer kommt noch als Erbe in Betracht?	
		Warum sollen die gesetzlichen Erben oder die anderen in Betracht kommenden Erben von der Erbfolge ausgeschlossen werden?	
		Was spricht dafür, ... als Erbe/Vorerbe/Nach-erbe/Vermächtnisnehmer einzusetzen?	
		Was spricht dagegen?	
Abhängigkeitsverhältnis /Versorgung		Werden Sie durch die bedachte Person versorgt/ gepflegt?	
		Hat diese Person die Testamentserrichtung veranlasst?	
		Wird der Testator durch diese Person begleitet?	
Übertriebenes Misstrauen	*Unterstellungen und Ablehnung, vor allem gegen nahe Angehörige*		
Verlust des normalen Realitätsbezugs/ Wahn (krankhaft falsche Überzeugung, bei der ein Kranker trotz Unvereinbarkeit mit der Realität unkorrigierbar bleibt)	Bestehlungswahn Beeinträchtigungs-/ Verfolgungswahn	Ist Ihnen in letzter Zeit etwas abhanden gekommen? Ist Ihnen schon einmal etwas gestohlen worden?	
		Meinen Sie, dass bestimmte Menschen etwas gegen Sie haben? Ihnen nachstellen?	

§ 16 Kurzanleitung

Symptom	Differenziert	Vorschlag	Wortgetreue Wiedergabe der Antworten/*Eigene Beobachtungen*
Sinnestäuschungen	Vermeintliche Wahrnehmung von etwas nicht Vorhandenem/Stimmenhören	Wirkt etwas auf Sie ein, was Sie stört, beeinträchtigt oder beunruhigt?	
Mangel an Krankheitseinsicht		Warum wurde ein Betreuer bestellt? Warum sind Sie im Pflegeheim/Krankenhaus? Fühlen Sie sich im Augenblick krank? Ihre Beschwerden, die sie mir geschildert haben, könnten diese Zeichen einer Erkrankung sein?	

E) Verhalten, das auf einen depressiven oder euphorischen Zustand hinweist			
Symptom	Differenziert	Vorschlag	
Störungen der Affektivität		Können Sie mir berichten, wie es Ihnen z.Zt. von der Stimmung und vom Befinden her geht?	*Eigene Beobachtungen*/Wortgetreue Wiedergabe der Antworten
	Deprimiert	*Wie fühlen Sie sich im Augenblick? Sind Sie traurig? Fühlen Sie sich niedergeschlagen?*	
	Euphorisch	*Ich habe das Gefühl, Sie sind im Augenblick besonders gut gelaunt. Stimmt das? Trauen Sie sich im Augenblick besonders viel zu?*	
	Affektlabilität (Stimmungswechsel)		
Anzeichen von Gereiztheit, aggressive Äußerungen	*insbesondere über Bezugspersonen*		
Antriebs- und psychomotorische Störungen	*Antriebsarm*	*Womit haben Sie in den letzten Tagen Ihre Zeit verbracht?*	
	Antriebsgesteigert/Motorisch unruhig		

Fortsetzung E) Verhalten, das auf einen depressive oder euphorischen Zustand hinweist		
Symptom	Differenziert	Beobachtungen
Bewusstseinsstörungen	Verwirrtheit Schläfrigkeit Abwesenheit Apathischer Zustand Zustand von Gleichgültig- keit/Interessenlosigkeit Verhangenheit Traumhaftigkeit	
Auffälligkeiten im Ge- dankengang	Weitschweifigkeit Rededrang Sprunghaftigkeit Vorbeireden oder Nichteingehen auf Fragen Unvollständige Sätze Wortfindungsstörungen Logische Brüche Einsilbigkeit Aspontanität	

Ort und Tag der Wahrnehmungen   Unterschrift Beteiligter

Unterschrift Notar   Unterschrift Zeuge

§ 17 Zusammenfassung der wichtigsten Ergebnisse

Die Ergebnisse lassen sich wie folgt zusammenfassen:

1. Aufgabe des Notars nach § 28 BeurkG ist es, die eigenen Wahrnehmungen zur Geschäfts- und Testierunfähigkeit urkundlich zu vermerken, damit diese für einen späteren Zivilprozess oder ein Erbscheinverfahren als Anknüpfungstatsachen für den Richter und Sachverständigen zur Verfügung stehen[389]. Dabei ist wie folgt zu unterscheiden:
    a) Liegen – wie in den überwiegenden Fällen – keine Anhaltspunkte für eine fehlende Geschäfts- und Testierfähigkeit vor, sollte der Notar standardmäßig in der Urkunde vermerken: „Es ergaben sich keine Bedenken hinsichtlich einer Geschäfts- und Testierunfähigkeit des/der Beteiligten"[390].

---

389 S.o. 2. Teil, § 6 I. 1.
390 S.o. 2. Teil, § 6 II.

§ 18 Ausblick

b) Ergeben sich Anhaltspunkte für eine fehlende Geschäfts- und Testierfähigkeit, hat der Notar dem Testierenden offen zu legen, dass er nunmehr verpflichtet ist, die Voraussetzungen der Geschäfts- und Testierunfähigkeit aufzuklären. Seine Wahrnehmungen über die Geschäfts- und Testierunfähigkeit hat er in der Testamentsurkunde zu vermerken. Dafür kann die Checkliste verwendet werden, wenn diese verlesen, genehmigt und der Testamentsurkunde beigefügt wird[391].

2. Ablehnen darf der Notar die Beurkundung nach § 11 Abs. 1 S. 1 BeurkG nur in offensichtlichen Fällen von Geschäfts- und Testierunfähigkeit. In allen anderen, nicht eindeutig zu beurteilenden Fällen, muss er unter Dokumentation seiner Wahrnehmungen und Zweifel beurkunden[392].

§ 18 Ausblick

Diesbezügliche Statistiken existieren zwar nicht, aber es gibt Gründe für die Annahme, dass in der Rechtswirklichkeit Fragen der Geschäfts- und Testierfähigkeit eine zunehmende Rolle spielen. Dafür spricht insbesondere das zunehmende Durchschnittsalter der Gesamtbevölkerung. Ein Blick auf die demographische Entwicklung in Deutschland zeigt, dass die Zahl alter Menschen in der Gesamtbevölkerung stetig ansteigt. So wuchs die Quote der über 65-jährigen von 9,4% (1959) auf 16,6% (2000) an. Im Jahr 2005 war jeder dritte Deutsche 60 Jahre oder älter. Insbesondere die Gruppe der Hochaltrigen (über 80 Jahre) steigt überproportional an. Im Jahr 1985 lag der Anteil der über 90-jährigen bei 170 auf eine Million Einwohner, im Jahr 2000 ist er auf 7300 unter einer Million Einwohner angestiegen[393]. Also mehren sich auch die Fälle demenzieller Erkrankungen. Die zunehmende Beschäftigung mit Demenz führt zudem zu einer besseren Wahrnehmung demenzieller Erkrankungen in der Bevölkerung („Alzheimer"). Zudem steigt das Volumen zu vererbenden Besitzes in Deutschland stetig an. In den kommenden Jahren werden mehr als 2 Billionen Euro vererbt[394]. Dies lässt erwarten, dass Auseinandersetzungen um Testamente wohlhabener Erblasser zunehmen werden und sich auch der Notar häufiger mit dem Problem möglicherweise fehlender Testierfähigkeit eines Beteiligten konfrontiert sieht.

---

391 S.o. 2. Teil, § 5 V.
392 S.o. 4. Teil, § 12 IV.
393 *Stoppe/Lichtenwimmer*, DNotZ 2005, 806 (806).
394 *Schönberger*, Psychologie heute 2008, 36 (36).

Vereinzelt wird vorgeschlagen, die Testierfähigkeit ab einem gewissen Alter amtlich feststellen zu lassen[395]. Das ist nicht nur wegen der Unpraktikabilität und drohender Kosten, sondern auch wegen der Altersdiskriminierung abzulehnen. Älteren Menschen darf nicht die Fähigkeit abgesprochen werden, ein Testament wirksam zu errichten, abzuändern oder aufzuheben. Zu strenge testamentarische Formvorschriften behindern sie in ihrer verfassungsrechtlich garantierten Testierfreiheit. Die Feststellung der Testierfähigkeit ab einem gewissen Alter erscheint auch deshalb nicht notwendig, weil sich im Rahmen eines Betreuungsverfahrens – und damit einer Personengruppe, bei der die Testierfähigkeit häufig angezweifelt werden dürfte – die Begutachtung des Betroffenen auch regelmäßig auf die Frage der Geschäftsfähigkeit erstreckt. Zwar kommt der eventuell erfolgten Feststellung der Geschäftsunfähigkeit im Rahmen des Betreuungsverfahrens oder im Betreuungsbeschluss keine konstitutive Wirkung zu, sie dient jedoch als Indiz für die Beurteilung der Geschäfts- und Testierfähigkeit[396]. Da die Anordnung der Betreuung mindestens alle fünf Jahre zu überprüfen ist, stehen dem Gericht immer einigermaßen aktuelle Daten zur Verfügung[397].

Schlussendlich können die urkundlich festgestellten Wahrnehmungen des Notars eine wichtige Rolle bei der posthum durch den Richter zu beantwortenden Frage der Geschäfts- und Testierunfähigkeit spielen. Dies ist zum jetzigen Zeitpunkt nicht der Fall, weil es an brauchbaren urkundlich festgestellten Wahrnehmungen des Notars mangelt, so dass lediglich die Aussage des als Zeugen vernommenen Notars zur Verfügung steht. Diese unterliegt aber der freien Beweiswürdigung nach § 286 Abs. 1 ZPO, während die in der Testamentsurkunde protokollierten Wahrnehmungen des Notars gem. § 418 Abs. 1 ZPO mittels der Urkunde bewiesen sind.

---

395 *Edenfeld*, ZEV 2001, 457 (458) mit Verweis auf die Diskussion auf dem 5. Symposium für Europäisches Familienrecht, Oktober 2000 in Regensburg.
396 *Cording*, ZEV 2010, 23 (23).
397 *Hahn*, FamRZ 1991, 27 (28).

Literaturverzeichnis

Apell, Wilhelm, Auswirkungen des Beurkundungsgesetzes auf das Familien- und Erbrecht, FamRZ 1970, S. 520 – 527.
Arndt, Herbert (Begründer), fortgeführt von Lerch, Klaus/ Sandkühler, Gerd, Bundesnotarordnung, Kommentar, 6. Auflage, München 2008 (zitiert: Arndt/Lerch/Sandkühler/*Bearbeiter*).
Bach, Matthias/ Hoffmann, W./ Nikolaus, Thorsten, Geriatrisches Basisassessment, 2. Auflage, München 1997.
Bartsch, H., Die postmortale Schweigepflicht des Arztes beim Streit um die Testierfähigkeit des Patienten, NJW 2001, S. 861 – 863.
Baumbach, Adolf (Begründer), fortgeführt von Lauterbach, Wolfgang, sodann von Albers, Jan, nunmehr verfasst von Hartmann, Peter, Zivilprozessordnung, Kommentar, 70. Auflage, München 2012 (zitiert: Baumbach/Lauterbach/Albers/Hartmann/*Bearbeiter*).
Becker, Klaus/ Klinger, Bernhard F., Feststellung der Testierunfähigkeit zu Lebzeiten des Erblassers?, NJW Spezial 2006, S. 493.
Bethge, Herbert, Grundrechtsverwirklichung und Grundrechtssicherung durch Organisation und Verfahren, NJW 1982, S. 1 – 7.
Bickel, H., Epidemiologie und Gesundheitsökonomie, in: Förstl, H./ Wallesch, C.W. (Herausgeber), Demenzen, Stuttgart 2005, S. 1-15.
Bohrer, Michael, Berufsrecht der Notare, München 1996.
Bumiller, Ursula/ Harders, Dirk, FamFG Freiwillige Gerichtsbarkeit Kommentar, 10. Auflage, München 2011 (zitiert: Bumiller/Harders/*Bearbeiter*).
Cording, Clemens/ Foerster, Klaus, Psychopathologische Kurztests durch den Notar – ein im Grundsatz verfehlter Vorschlag, DNotZ 2006, S. 329 – 333.
Cording, Clemens, Die Begutachtung der Testier(un)fähigkeit, Fortschritte der Neurologie, Psychiatrie 2004, S. 147 – 159.
Cording, Clemens, Geschäftsunfähigkeit bzw. Nichtigkeit einer Willenserklärung und ihre Stellung zu Bestimmungen des Betreuungsrechts – Anmerkungen zum Artikel „Geschäftsunfähigkeit bzw. Nichtigkeit einer Willenserklärung" von Habermeyer/Saß, Nervenarzt 2002, S. 1119 – 1120.
Cording, Clemens, Die Begutachtung der „freien Willensbestimmung" im deutschen Zivilrecht: Geschäftsfähigkeit, Testierfähigkeit, Prozessfähigkeit, Sui-

zid bei Lebensversicherung, in: Hajk, Göran/ Müller, Jürgen (Herausgeber), Willensbestimmung zwischen Recht und Psychiatrie, Berlin 2005, S. 37 – 50.

Cording, Clemens, Begutachtung der Geschäfts- und Testierfähigkeit, in: Gaidzik, P.W./ Widder, B. (Herausgeber), Begutachtung in der Neurologie, Stuttgart 2007, S. 168 -173.

Cording, Clemens, Beweismittel zur Klärung der Testier(un)fähigkeit, ZEV 2010, S. 23 – 28.

von Dassel, Zwei Fragen aus dem Notariatsrecht, Das Recht 1917, S. 329.

Edenfeld, Stefan, Die anwaltliche und notarielle Schweigepflicht nach dem Tod des Erblassers, ZEV 1997, S. 391 – 399.

Edenfeld, Stefan, Europäische Entwicklungen im Erbrecht, ZEV 2001, S. 457 – 463.

Eylmann, Horst/ Vaasen, Hans-Dieter (Herausgeber), Bundesnotarordnung/Beurkundungsgesetz, Kommentar, 3. Auflage, München 2011 (zitiert: Eylmann/Vaasen/*Bearbeiter*).

Fähndrich, Erdmann/ Stieglitz, Rolf-Dieter, Leitfaden zur Erfassung des psychopathologischen Befundes, 3. Auflage, Göttingen 2006.

Feyock, Georg, Grundlagen der Stellung des Notars im Rechtsleben, DNotZ 1952, S. 251 – 254.

Firsching, Karl, Fragen des Testamentsrechts, DNotZ 1955, S. 283 – 286.

Flume, Werner, Allgemeiner Teil des Bürgerlichen Rechts, 2. Band, 4. Auflage, Berlin 1992.

Foerster, Klaus, Begutachtung bei zivilrechtlichen Fragen, in: Venzlaff, Ulrich (Begründer)/ Foerster, Klaus/ Dreßing, Harald (Herausgeber), Psychiatrische Begutachtung, 5. Auflage, München 2009.

Foerster, Klaus/ Winckler, Peter, Forensisch-psychiatrische Untersuchung, in: Venzlaff, Ulrich (Begründer)/ Foerster, Klaus/ Dreßing, Harald (Herausgeber), Psychiatrische Begutachtung, 5. Auflage, München 2009.

Frank, Wolfgang, Psychiatrie, 15. Auflage, Ulm 2007.

Ganter, Gerhard, Zweifelsfragen im Notarhaftungsrecht, DNotZ 1998, S. 851 – 867.

Geiger, Andreas, Die Einwilligung in die Verarbeitung von persönlichen Daten als Ausübung des Rechts auf informationelle Selbstbestimmung, NVwZ 1989, S. 35 – 38.

Göppinger, Horst, Probleme des Unterbringungsrecht mit Betrachtungen über den juristischen Begriff der Geisteskrankheit und Geistesschwäche, Die Justiz 1968, S. 148 -153.

Habermeyer, E./ Saß, H., Geschäftsunfähigkeit bzw. Nichtigkeit einer Willenserklärung und ihre Stellung zu Bestimmungen des Betreuungsrechts, Nervenarzt 2002, S. 478 – 480.

Literaturverzeichnis 129

Habermeyer, E./ Saß, H., Ein am Willensbegriff ausgerichteter, symptomorientierter Ansatz zur Prüfung der Geschäftsfähigkeit, Fortschritte der Neurologie, Psychiatrie 2002, S. 5 – 10.
Haegele, Karl, Beurkundungsgesetz, Rechtspfleger 1969, S. 415 – 419.
Hahn, Christoph, Die Auswirkungen des Betreuungsrechts auf das Erbrecht, FamRZ 1991, S. 27 – 31.
Haug, Karl (Begründer), fortgeführt von Zimmermann, Stefan/ Zimmermann, Christian, Die Amtshaftung des Notars, 3. Auflage, München 2011
(zitiert: Haug/Zimmermann/*Bearbeiter*).
Hess, Marco, Das Einsichtsrecht der Erben und Angehörigen in Krankenunterlagen des Erblassers, ZEV 2006, S. 479 – 484.
Höfer, Gerhard, Das Beurkundungsgesetz in der Praxis, JurA 1970, S. 749 – 752.
Hülsmann, Christoph, Ärztliche Schweigepflicht versus Informationsinteresse der Erben, ZEV 1999, S. 91 – 94.
Huhn, Diether/ v. Schuckmann, Hans-Joachim (Begründer)/ v. Schuckmann, Hans-Joachim/ Armbrüster, Christian/ Preuss, Nicola/ Renner, Thomas (Bearbeiter), Beurkundungsgesetz und Dienstordnung für Notarinnen und Notare, Kommentar, 5. Auflage, Berlin 2009
(zitiert: Armbrüster/Preuss/Renner/*Bearbeiter*).
Jansen, Paul, Beurkundungsgesetz, Kommentar, Berlin 1971.
Jarass, Hans/ Pieroth, Bodo, Grundgesetz Kommentar, 12. Auflage, München 2012
(zitiert: Jarass/Pieroth/*Bearbeiter*).
Jerschke, Anmerkung zu BayObLG, Beschluss v. 28.12.1993, Az. 1 Z BR 85/93, ZEV 1994, S. 303 – 305.
Jung, Martin, Ausübung öffentlicher Gewalt durch den Notar, Dissertation, Universität Salzburg 1994.
Kanzleiter, Rainer, Feststellungen über die Geschäftsfähigkeit inner- oder außerhalb der Niederschrift?, DNotZ 1993, S. 434 – 441.
Keidel, Theodor (Begründer), fortgeführt von Winkler, Karl, Beurkundungsgesetz, Kommentar, 16. Auflage, München 2008
(zitiert: Keidel/*Winkler*).
Keim, Benno, Das notarielle Beurkundungsverfahren, München 1996.
Kersten, Fritz/ Bühling, Selmar (Begründer), Formularbuch und Praxis der Freiwilligen Gerichtsbarkeit, 23. Auflage, Köln 2010
(zitiert: Kersten/Bühling/*Bearbeiter*).
Kruse, Britta, Zur Feststellung der Testierfähigkeit durch den Notar Teil I, NotBZ 2001, S. 405 – 409, Teil II, NotBZ 2000, S. 448 – 454.

Lange, Heinrich (Begründer), fortgeführt von Kuchinke, Kurt, Lehrbuch des Erbrechts, 5. Auflage, München 2001
(zitiert: Lange/*Kuchinke*).
Larenz, Karl (Begründer), fortgeführt von Wolf, Manfred, Allgemeiner Teil des Bürgerlichen Rechts, 10. Auflage, München 2012
(zitiert: Larenz/*Wolf*).
Lerch, Klaus, Beurkundungsgesetz, Kommentar, 4. Auflage, Köln 2011.
Lichtenwimmer, Andrea, Die Feststellung der Geschäfts- und Testierfähigkeit durch den Notar, MittBayNot 2002, S. 240 – 244.
Lier, Bernd, Testierfähigkeitsfragen aus richterlicher Sicht, Forum Familien- und Erbrecht, Sonderheft 1, April 2003, S. 90 – 93.
Lipp, Volker, Freiheit und Fürsorge: Der Mensch als Rechtsperson, Zu Funktion und Stellung der rechtlichen Betreuung im Privatrecht, Tübingen 2000.
v. Mangoldt, Hermann (Begründer), fortgeführt von Klein, Friedrich, herausgegeben von Starck, Christian, Kommentar zum Grundgesetz, Band 1, Präambel, Artikel 1 bis 19, 6. Auflage, München 2010
(zitiert: v. Mangoldt/Klein/Starck/*Bearbeiter*).
Mayer, Jörg, Auslegungsgrundsätze und Urkundsgestaltung im Erbrecht, DNotZ 1998, S. 772 – 787.
Mayer-Maly, Theo, Die Grundlagen der Aufstellung von Altersgrenzen durch das Recht, FamRZ 1970, S. 617 – 621.
Medicus, Dieter, Allgemeiner Teil des BGB, 10. Auflage, Heidelberg 2010.
Meikel, Georg (Begründer), Grundbuchordnung, Kommentar, 10. Auflage, München 2009
(zitiert: Meikel/*Bearbeiter*).
Müller, R., Die Beurteilung der Testierfähigkeit – eine empirische Untersuchung, Med. Dissertation, LMU München 1991.
Müller, Gabriele, Erwiderung zum Beitrag von Stoppe/Lichtenwimmer, Die Feststellung der Geschäfts- und Testierfähigkeit beim alten Menschen durch den Notar – ein interdisziplinärer Vorschlag, DNotZ 2005, S. 806 ff., DNotZ 2006, S. 325 – 328.
Münchener Kommentar zum Bürgerlichen Gesetzbuch, Rixecker, Roland/ Säcker, Franz-Jürgen (Herausgeber), Band 1/Teilband 1, Allgemeiner Teil, §§ 1 – 240, 6. Auflage, München 2012; Band 5, Schuldrecht, §§ 705 – 853, 5. Auflage, München 2009; Band 9, Erbrecht, §§ 1922 – 2385 BGB, §§ 27 – 35 BeurkG, 5. Auflage, München 2010
(zitiert: MünchKomm/*Bearbeiter*).

Münchener Kommentar zur Zivilprozessordnung, Rauscher, Thomas/ Wax, Peter/Wenzel, Joachim (Herausgeber), Band 1, §§ 1 – 510c, 3. Auflage, München 2008
(zitiert: MünchKommZPO/*Bearbeiter*).
Mugdan, B., Die gesamten Materialien zum Bürgerlichen Gesetzbuch für das Deutsche Reich, I. Band, Einführungsgesetz und Allgemeiner Teil, Berlin 1899.
Musielak, Hans-Joachim (Herausgeber), Zivilprozessordnung, Kommentar, 9. Auflage, München 2012
(zitiert: Musielak/*Bearbeiter*).
Nachreiner, Andreas, Familienrechtliche Verträge zwischen Urkundsgewährungsanspruch und Ablehnungspflicht, MittBayNot 2001, S. 356 – 361.
Nieder, Heinrich/ Kössinger, Reinhard/ Kössinger, Winfried, Handbuch der Testamentsgestaltung, 4. Auflage, München 2011
(zitiert: Nieder/Kössinger/*Bearbeiter*).
Palandt, Kommentar zum Bürgerlichen Gesetzbuch, 71. Auflage, München 2012
(zitiert: Palandt/*Bearbeiter*).
Pawlowski, Hans-Martin, Allgemeiner Teil des BGB, 7. Auflage, Heidelberg 2003.
Pieroth, Bodo/ Schlink, Bernhard, Grundrechte, Staatsrecht II, 28. Auflage, Heidelberg 2012.
Protokolle der Kommission für die zweite Lesung des Entwurfs des Bürgerlichen Gesetzbuchs, Band I, Allgemeiner Teil und Recht der Schuldverhältnisse, Abschn. I, Abschn. II, im Auftrag des Reichsjustizamts bearbeitet von Achilles, Gebhard, Spahn, Berlin 1897.
Rasch, Wilfried, Begutachtung im Zivilrecht: Die Beurteilung der Geschäftsfähigkeit aus ärztlicher Sicht, Zeitschrift für ärztliche Fortbildung 1992, S. 767 – 770.
Reimann, Wolfgang/ Bengel, Manfred/ Mayer, Jörg (Herausgeber und Bearbeiter u.a.), Testament und Erbvertrag, Kommentar, 6. Auflage, München 2012
(zitiert: Reimann/Bengel/Mayer/*Bearbeiter*).
Riegel, Bernd, Tagungsbericht 5. Symposium für Europäisches Familienrecht, Oktober 2000 in Regensburg, ZEV 2000, Heft 12, S. XV.
Ritter, Thomas, Ablehnung der Beurkundung und Grundrechtsbindung des Notars, NotBZ 2009, S. 91 – 94.
Sachs, Michael (Herausgeber), Grundgesetz Kommentar, 6. Auflage, München 2011
(zitiert: Sachs/*Bearbeiter*).

Schippel, Helmut (Herausgeber der 5. bis 7. Auflage)/ Bracker, Ulrich (Herausgeber), Bundesnotarordnung, Kommentar, 9. Auflage, München 2011
(zitiert: Schippel/Bracker/*Bearbeiter*).

Schmidt-Bleibtreu, Bruno (Begründer)/ Hofmann, Hans/ Hopfauf, Axel (Herausgeber), Kommentar zum Grundgesetz, 12. Auflage, Köln 2011
(zitiert: Schmidt-Bleibtreu/Hofmann/Hopfauf/*Bearbeiter*).

Schneider, Joachim, Darf zu Lebzeiten des Erblassers Klage erhoben werden auf Feststellung, ob eine Verfügung von Todes wegen bestimmte Folgen hat, ZEV 1996, S. 56 – 57.

Schönberger, Birgit, Der Streit ums Erbe, Psychologie Heute Juli 2008, S. 36 – 38.

Schulte-Bunert, Kai/ Weinreich, Gerd (Herausgeber), FamFG Kommentar, 3. Auflage, Köln 2012
(zitiert: Schulte-Bunert/Weinreich/*Bearbeiter*).

Schwab, Dieter, Gedanken zur Reform des Minderjährigenrechts und des Mündigkeitsalters, JZ 1970, S. 745 – 753.

Simitis, Spiros (Herausgeber), Bundesdatenschutzgesetz, Kommentar, 7. Auflage, Baden-Baden 2011
(zitiert: Simitis/*Bearbeiter*).

Soergel, Hans-Theodor (Begründer), Kommentar zum Bürgerlichen Gesetzbuch, Allgemeiner Teil 2, Band 2, §§ 104 – 240, 13. Auflage, Stuttgart 1998/1999; Familienrecht 4, §§ 1741 – 1921, 13. Auflage, Stuttgart 2000; Erbrecht 2, §§ 2064 – 2273, §§ 1 – 35 BeurkG, 13. Auflage, Stuttgart 2003
(zitiert: Soergel/*Bearbeiter*).

v. Staudinger, J. (Begründer), Kommentar zum Bürgerlichen Gesetzbuch, Buch 1, Allgemeiner Teil 4, §§ 90 – 133, §§ 1 – 54, 63 BeurkG 14. Auflage, Berlin 2005; 5. Buch Erbrecht, §§ 2197 – 2264, 14. Auflage, Berlin 2003; 5. Buch Erbrecht, §§ 2229 – 2264, Beurkundungsgesetz, §§ 2265 – 2385, 12. Auflage, Berlin 2006; 5. Band Erbrecht, 2. Teil, 10./11. Auflage, Berlin 1960
(zitiert: Staudinger/*Bearbeiter*).

Stoppe, Gabriela, Die Feststellung der Geschäfts- und Testierfähigkeit beim alten Menschen durch den Notar – ein interdisziplinärer Vorschlag, DNotZ 2005, S. 806 – 813.

Stürner, Rolf, Der Notar – unabhängiges Organ der Rechtspflege?, JZ 1974, S. 154 – 160.

Thomas, Heinz/ Putzo, Hans (Begründer), fortgeführt von Reichold, Klaus/ Hüßtege, Rainer, Zivilprozessordnung, Kommentar, 33. Auflage, München 2012
(zitiert: Thomas/Putzo/*Bearbeiter*).

Weser, Hans-Hermann, Die Auswirkungen des Betreuungsgesetzes auf die notarielle Praxis, MittBayNot 1992, S. 161 – 171.
Wetterling, Tilmann, Testierfähigkeit aus gutachterlicher Sicht, Forum Familien- und Erbrecht, Sonderheft 1, April 2003, S. 94 – 97.
Wetterling, Tilmann/ Neubauer, H./ Neubauer, W., Psychiatrische Gesichtspunkte zur Beurteilung der Testierfähigkeit Dementer, ZEV 1995, S. 46 – 50.
Winkler, Karl, Der Notar im Spannungsverhältnis zwischen Tätigkeitspflichten und Amtsverweigerung, MittBayNot 1998, S. 141 – 148.
Zimmermann, Theodor, Juristische und psychiatrische Aspekte der Geschäfts- und Testierfähigkeit, BWNotZ 2000, S. 97 – 108.
Zimmermann, Walter, Der Verlust der Erbschaft, Berlin 2005.
Zöller, Richard (Begründer), Zivilprozessordnung, Kommentar, 29. Auflage, Köln 2011
(zitiert: Zöller/*Bearbeiter*).

Abkürzungen richten sich nach *Kirchner, Hildebert* (Begründer), fortgeführt von Fiala, Jana, Abkürzungsverzeichnis der Rechtssprache, 6. Auflage, Berlin 2008.

Anhang

- Mini-Mental-Status-Test,
- Fragebögen

Mini-Mental-Status-Test (MMST)
(modifiziert nach Folstein, Folstein & McHugh)

Zeitliche Orientierung
(Frage: „Welchen Tag haben wir heute?")
- Tag .... ☐
- Monat .... ☐
- Jahr .... ☐
- Wochentag .... ☐
- Jahreszeit .... ☐

Örtliche Orientierung
(Frage: „Wo sind wir jetzt?")
- Stadt .... ☐
- Stadtteil .... ☐
- Bundesland .... ☐
- Klinik/Pflegeheim/Praxis .... ☐
- Station/Stockwerk .... ☐

Merkfähigkeit
(Folgende 3 Gegenstände nennen, dann zur Wiederholung auffordern)
- Apfel .... ☐
- Schlüssel .... ☐
- Ball .... ☐

Aufmerksamkeit und Rechnen
(Jeweils 7 von 100 abziehen oder „STUHL" rückwärts buchstabieren)
- 93 oder „L" .... ☐
- 86 oder „H" .... ☐
- 79 oder „U" .... ☐
- 72 oder „T" .... ☐
- 65 oder „S" .... ☐

Erinnern
(Frage: „Was waren die Dinge, die Sie sich vorhin gemerkt haben?")
- Apfel .... ☐
- Schlüssel .... ☐
- Ball .... ☐

Benennen
(Die Testperson soll die folgenden zwei Gegenstände benennen)
- Armbanduhr .... ☐
- Bleistift/Kugelschreiber .... ☐

Wiederholen
(Die Testperson soll den folgenden Satz nachsprechen; nur ein Versuch ist erlaubt)
- „Kein Wenn und Aber" .... ☐

Dreiteiliger Befehl
(„Nehmen Sie das Blatt Papier, falten es in der Mitte und lassen es auf den Boden fallen")
- „Nehmen Sie das Blatt Papier," .... ☐
- „falten es in der Mitte" .... ☐
- „und lassen es auf den Boden fallen" .... ☐

Reagieren
(Die Testperson soll den Satz: „Schließen Sie die Augen" lesen und befolgen)
- Testperson schließt die Augen .... ☐

Anhang

Schreiben
(Die Testperson soll einen beliebigen vollständigen Satz aufzuschreiben)
- Sinnhafter Satz mit Subjekt und Verb .... ☐

Abzeichnen
(Testperson soll die folgende Zeichnung abzeichnen)

- Zwei sich an einer Ecke überschneidende 5-Ecke .... ☐

Gesamtpunktzahl... ___ (max. 30)

Interpretation des Testergebnisses

Punkte	Beurteilung
30-27	Keine Demenz
26-20	Leichte Demenz
19-10	Mittelschwere Demenz
≤9	Schwere Demenz

Mini-Mental-Status-Test (Teil 2)

Anhang

Hamburg   Neu Notar

Fragebogen

1. Anzahl der Testamente im Jahr 2003: 45
2. Wann sehen Sie sich veranlasst, die Testierfähigkeit näher zu prüfen?

   Wenn keine Kommunikation spontan zustande kommt

3. Mittels welcher Instrumente (z.B. Gespräch mit dem Mandanten, vorherige Anforderung eines Attestes, Erkundigungen beim Arzt, Gespräch mit Angehörigen) beurteilen Sie die Testierfähigkeit? Bitte Verfahren kurz beschreiben:

   Vor allem Gespräch mit Mandanten vorher – aber auch nach der Hinzuziehung / Einholung eines ärztlichen Attestes

4. a) Wurden Beurkundungen aufgrund der Überzeugung von der Testierunfähigkeit abgelehnt? b) Wenn ja, wie häufig und woraus wurde auf das Vorliegen von Testierunfähigkeit geschlossen?

   a) Ja – in seltenen Fällen, weil vorher schon mit Angehörigen Testierunfähigkeit geklärt wurde. b) Weil keine Kommunikation mög-

5. Wurden Sie in einem späteren Prozess als Zeuge vernommen? Wenn ja, wie häufig? Divergierte die Entscheidung des Gerichts von Ihrer Beurteilung?

   Ja - 1 x – Entscheidung divergierte

6. Wäre eine Liste mit äußerlichen Auffälligkeiten bestimmter psychischer Erkrankungen hilfreich?

   Ja

7. Könnten Sie sich vorstellen, mit dem Mandanten einen Test, wie er zur Einstufung von Demenzerkrankungen verwendet wird – Anlage 1 – durchzuführen?

   Ja und nein (s. 9)

8. Wäre ein Fragenkatalog – Anlage 2 – hilfreich?

   * + nötigenfalls Belehrung – Ja (aber aller wegen Anlage 2 nicht geeignet wegen des Menschen) *

9. Haben Sie sonstige Vorschläge oder Anregungen zur Verbesserung?

   Wenn der Notar nur Zweifel an der Testierfähigkeit hat, muss er beurkunden, aber Zweifel in der Urk. u. a. vermerken. Wenn er sich nicht mit Mdt.

Anhang

Köln, Nur-Notar

Fragebogen

1. Anzahl der Testamente im Jahr 2003: *Nuee*
2. Wann sehen Sie sich veranlasst, die Testierfähigkeit näher zu prüfen? *Hellenfalls in ganz krassen Fällen offensichtlich fehlender geistiger Kräfte (Bet. weiß nicht, wie er heißt oder wo er ist etc.)*

3. Mittels welcher Methode beurteilen Sie die Testierfähigkeit? (Bitte ankreuzen)

	Ja	Nein
Gespräch	X	
Vorlage Attest		X
Erkundigungen beim Arzt		X
Gespräch mit Angehörigen	X	
Sonstiges		

4. Wurden Beurkundungen aufgrund der Überzeugung von der Testierunfähigkeit abgelehnt? Wenn ja, wie häufig und woraus wurde auf das Vorliegen von Testierunfähigkeit geschlossen? *Nein*

5. Wurden Sie in einem späteren Prozess als Zeuge vernommen? Wenn ja, divergierte die Entscheidung des Gerichts von Ihrer Beurteilung? *Nein*

6. Wäre eine Liste mit äußerlich erkennbaren Auffälligkeiten bestimmter psychischer Erkrankungen hilfreich? *M.E. nicht. Der Notar ist kein Mediziner. Im Zweifel muss beurkundet werden.*

7. Könnten Sie sich vorstellen, mit dem Mandanten einen Test, wie er zur Einstufung von Demenzerkrankungen verwendet wird – Anlage 1 – durchzuführen? *Nein. Begründung wie zu 6.! Der Erkunene würde sich mit Recht über eine solche Befragung empören.*

8. Haben Sie sonstige Vorschläge oder Anregungen zur Verbesserung? *Nein. Für Zweifelsfälle sind nach durchgeführter Beurkundung die Gerichte zuständig.*

München, Nur- Notar

Fragebogen

1. Anzahl der Testamente im Jahr 2003: ca. 100
2. Wann sehen Sie sich veranlasst, die Testierfähigkeit näher zu prüfen?
   sehr hohes Alter; schwere Erkrankungen; Mandanten im Krankenhaus; Auffälligkeiten
3. Mittels welcher Methode beurteilen Sie die Testierfähigkeit? (Bitte ankreuzen)

	Ja	Nein
Gespräch	X	
Vorlage Attest	X	selten
Erkundigungen beim Arzt	X	"
Gespräch mit Angehörigen	X	
Sonstiges		

4. Wurden Beurkundungen aufgrund der Überzeugung von der Testierunfähigkeit abgelehnt? Wenn ja, wie häufig und woraus wurde auf das Vorliegen von Testierunfähigkeit geschlossen? nein

5. Wurden Sie in einem späteren Prozess als Zeuge vernommen? Wenn ja, divergierte die Entscheidung des Gerichts von Ihrer Beurteilung? 1x in 25 Jahren; Gericht verneinte Testierfähigkeit (zu Unrecht!)

6. Wäre eine Liste mit äußerlich erkennbaren Auffälligkeiten bestimmter psychischer Erkrankungen hilfreich? Ja

7. Könnten Sie sich vorstellen, mit dem Mandanten einen Test, wie er zur Einstufung von Demenzerkrankungen verwendet wird – Anlage 1 – durchzuführen? nein

8. Wäre ein Fragenkatalog – Anlage 2 – hilfreich? ich verfahre ähnlich

9. Haben Sie sonstige Vorschläge oder Anregungen zur Verbesserung?
   Die Ärzte müßten besser über den Unterschied zur Testierfähigkeit u. Geschäftsfähigkeit aufgeklärt sein, und auch die Gerichte

Anhang

Fragebogen

1. Anzahl der Testamente im Jahr 2003: _31_
2. Wann sehen Sie sich veranlasst, die Testierfähigkeit näher zu prüfen?
   a) Hohes Alter
   b) schwere Erkrankung
   c) Unterbringung im Pflegeheim
   d) Anzeichen von Demenz
3. Mittels welcher Methode beurteilen Sie die Testierfähigkeit? (Bitte ankreuzen)

	Ja	Nein
Gespräch	X	
Vorlage Attest	X (nur bei ernsten Bedenken)	
Erkundigungen beim Arzt	X	
Gespräch mit Angehörigen		X
Sonstiges		X

4. Wurden Beurkundungen aufgrund der Überzeugung von der Testierunfähigkeit abgelehnt? Wenn ja, wie häufig und woraus wurde auf das Vorliegen von Testierunfähigkeit geschlossen?
   2x in 2003 wegen mangelnder Fähigkeit zur Willensartikulation bzw. völlig widersprüchlicher Willensäußerungen innerhalb weniger Minuten

5. Wurden Sie in einem späteren Prozess als Zeuge vernommen? Wenn ja, divergierte die Entscheidung des Gerichts von Ihrer Beurteilung?
   in 33 Berufsjahren nur einmal; das Testament wurde als wirksam anerkannt!

6. Wäre eine Liste mit äußerlich erkennbaren Auffälligkeiten bestimmter psychischer Erkrankungen hilfreich?
   Ja, bedingt.

7. Könnten Sie sich vorstellen, mit dem Mandanten einen Test, wie er zur Einstufung von Demenzerkrankungen verwendet wird – Anlage 1 – durchzuführen?
   Ist in dieser Allgemeinheit m. E. diskriminierend

8. Wäre ein Fragenkatalog – Anlage 2 – hilfreich?
   Als interne Kontrolle für den Notar ("Checkliste") – ja.

9. Haben Sie sonstige Vorschläge oder Anregungen zur Verbesserung?
   nein!

Bad Gandersheim, RA - Notar

Fragebogen

1. Anzahl der Testamente im Jahr 2003: 7
2. Wann sehen Sie sich veranlasst, die Testierfähigkeit näher zu prüfen?
   Es werden grundsätzlich ausführliche Vorgespräche geführt. Ergeben diese Probleme, werden ggf. weitere Erkundigungen eingeholt oder Gespräche geführt.
3. Mittels welcher Methode beurteilen Sie die Testierfähigkeit? (Bitte ankreuzen)

	Ja	Nein
Gespräch	X	
Vorlage Attest		X
Erkundigungen beim Arzt		X
Gespräch mit Angehörigen		X
Sonstiges		X

4. Wurden Beurkundungen aufgrund der Überzeugung von der Testierunfähigkeit abgelehnt? Wenn ja, wie häufig und woraus wurde auf das Vorliegen von Testierunfähigkeit geschlossen?
   2-3 Mal bei Notbeurkundungen im Krankenhaus, wenn ersichtlich keine Reaktion oder Geschäftsfähigkeit gegeben war.

5. Wurden Sie in einem späteren Prozess als Zeuge vernommen? Wenn ja, divergierte die Entscheidung des Gerichts von Ihrer Beurteilung?   nein

6. Wäre eine Liste mit äußerlich erkennbaren Auffälligkeiten bestimmter psychischer Erkrankungen hilfreich?   nein

7. Könnten Sie sich vorstellen, mit dem Mandanten einen Test, wie er zur Einstufung von Demenzerkrankungen verwendet wird – Anlage 1 – durchzuführen?
   absolut nein

8. Haben Sie sonstige Vorschläge oder Anregungen zur Verbesserung?
   Da in dieser Hinsicht niemals Probleme in 25 Jahren aufgetreten sind, werde ich mich auch weiterhin auf meine eigene Urteilsfähigkeit verlassen und in Zweifelsfällen intensiver nachfragen oder die Beurkundung ablehnen.

www.ingramcontent.com/pod-product-compliance
Ingram Content Group UK Ltd.
Pitfield, Milton Keynes, MK11 3LW, UK
UKHW022212230426
12048UKWH00016BA/800